Julius Jacobson

Über die Beziehungen zwischen Kategorien und Urteilsformen

Julius Jacobson

Über die Beziehungen zwischen Kategorien und Urteilsformen

ISBN/EAN: 9783743694767

Hergestellt in Europa, USA, Kanada, Australien, Japan

Cover: Foto ©Thomas Meinert / pixelio.de

Weitere Bücher finden Sie auf **www.hansebooks.com**

Ueber die

Beziehungen zwischen Kategorien und Urtheilsformen.

Erster Theil einer demnächst erscheinenden Schrift:
Ueber die metaphysische Deduction der Kategorien.

Inaugural-Dissertation
der
philosophischen Facultät der Albertus-Universität
zu
Königsberg in Pr.
zur
Erlangung der Doctorwürde in der Philosophie
vorgelegt
und öffentlich vertheidigt
Sonnabend den 8. December 1877, Mittags 12 Uhr,
vom Verfasser
Julius Jacobson.

Opponenten:
R. Schultz, Dr. phil. J. Rahts, cand. math. O. Wittrien, cand. math.

Königsberg, 1877.
Hartungsche Buchdruckerei.

Seinem geliebten Vater

gewidmet

vom

Verfasser.

Die geringe Beachtung, welche die metaphysische Deduction der Kategorien gegenüber der transscendentalen gefunden hat, muss um so mehr Wunder nehmen, als wir in
der metaphysischen Deduction das einzige ausgeführte Beispiel der eigenthümlichen heuristischen Methode besitzen, durch
die Kant die elementaren Bedingungen der Erfahrung gefunden,
und die nach ihm zugleich die Sicherheit in sich trägt, dass
die gefundenen Bedingungen in mathematischem Sinne nothwendig und hinreichend, d. i. der Zahl nach vollständig, dem
Werthe nach allgemein giltig seien. Während wir in den Darstellungen der Kantschen Erkenntnisstheorie die transscendentale Deduction als die von Kant selbst mit grösserer Sorg-
falt behandelte in grosser Breite exponirt und meist durch eine
Reihe kritischer Bemerkungen beleuchtet finden, wird die
metaphysische Deduction fast ausnahmslos nur eines kurzen
Referates gewürdigt, das die schon sehr knappe Fassung der
Kritik der reinen Vernunft noch auf das geringste Maass zu
reduciren bemüht ist.

Dass eine derartige Vernachlässigung durch die Bedeutung der Deduction in dem Systeme der Kantschen Metaphysik keineswegs gerechtfertigt ist, geht einmal daraus hervor,
dass das Problem der Kategorien den ganzen Umfang seiner
erkenntnisstheoretischen Bedeutung an keiner Stelle in ähnlicher Klarheit und Bestimmtheit aufweist, wie hier. Der
Begriff der Kategorie muss da am schärfsten präcisirt werden,
wo es darauf ankommt, aus dem Chaos der Vorstellungen die
vollständige Anzahl seiner Repräsentanten herauszuziehen; dass
zum Andern aber, wie oben erwähnt, nirgend die Methode

1

der Kritik der reinen Vernunft gleich unverhüllt zu Tage liegt. Dieses letztere Moment ist sehr zu Ungunsten der wissenschaftlichen Präcision von allen denen ausser Augen gelassen, die in dem lebhaften, bis in die jüngste Zeit fortgesetzten Streite über die Methode der Kantschen theoretischen Philosophie in dem einen oder dem andern Sinne Partei ergriffen haben. In der ganzen hierauf bezüglichen, äusserst reichhaltigen Literatur von Fries' und Herbarts ersten Angriffen bis auf die Forschungen der Jetztzeit fehlt das, worauf es wesentlich, ja allein ankommt, die einfache, sachliche Darlegung des Gedankenganges in irgend einem bestimmten Falle der Auffindung einer apriorischen Vorstellung: der Streit verliert sich immer ins Allgemeine, er paradirt in vagen, mit eben so viel Recht zu behauptenden, als zu bestreitenden Thesen, und es ist nicht zu verwundern, dass er hiebei einem definitiven Abschluss nicht hat entgegen geführt werden können. Gewiss ist es die dissolute und ganz aussichtslose Art der Polemik, was Cohen diesen Streit als „unerquicklich" bezeichnen liess, denn seinem innersten Wesen nach ist er nicht nur für die Auffassung der gesammten Kantschen Philosophie, sondern zugleich für die Frage nach der Methode aller Philosophie überhaupt von principieller Bedeutung und damit von jenem Interesse, das die Principienfrage der Philosophie durch alle Kämpfe der Jahrhunderte begleitet hat.

Dieser doppelte Gesichtspunkt lässt eine eingehendere Bearbeitung der metaphysischen Deduction der Kategorien geboten erscheinen; zugleich erweist er sich für die systematische Anordnung der Untersuchung von wesentlichem Nutzen. Indem er zwei verschiedene Momente aufzeigt, in denen der Schwerpunkt dieses Abschnittes der Kantschen Erkenntnisstheorie ruht, zwei gesonderte Probleme kennen lehrt, die hier vereinigt erscheinen, trennt er das Princip der Deduction von der Durchführung dieses Princips, d. i. ihrer Methode. Unter allen Umständen ist es zweckmässig, diese Trennung in der Untersuchung selbst festzuhalten. Die Unabhängigkeit des Princips von seiner Ausführung ist in diesem besonderen Falle

ebenso zweifellos als in dem ganzen kritischen System. So
wenig durch die Annahme des „copernicanischen", „anthro-
pocentrischen" Grundprincips der Kritik die speciellen Ausführungen der transscendentalen Aesthetik und Logik mit
Nothwendigkeit gegeben sind, ebenso wenig weist das Princip
der metaphysischen Deduction mit Bestimmtheit auf eine einzige Art der Durchführung hin: ob die Methode der Deduction
psychologisch oder metaphysisch sein müsse, darüber lässt
sich auf Grund des Princips derselben gar nicht entscheiden.
Deshalb ist eine scharfe Trennung zwischen Princip und
Methode der Deduction so wenig gekünstelt, dass sie vielmehr
durch die Natur der Sache wie durch die Rücksicht auf
die Klarheit des Gedankens gleichmässig geboten erscheint.

Das Princip der Deduction ist von Kant in dem
Satze gegeben worden: „Die Functionen des Verstandes können
also insgesammt gefunden werden, wenn man die Functionen
der Einheit in den Urtheilen darstellen kann." (II, 70.) Zur
Aufstellung dieses Princips wie zur Entscheidung darüber,
d. i. seiner Billigung oder Verwerfung bedarf es einer vorhergehenden Bestimmung des Begriffs der Kategorie und ihres
Verhältnisses zu den anderen ursprünglichen Erkenntniss-
elementen, es bedarf mithin der Bestimmung des ganzen An-
theils, den die Kategorien an der Bildung unserer Vorstellungen überhaupt haben. Damit ist zugleich die erkenntnisstheoretische Seite der Kategorienproblems erschöpft, unberücksichtigt bleibt die metaphysische, die in der transscendentalen Deduction ihre Beleuchtung erhält.

Die Methode der Deduction ist uns nicht in so
einfachen Worten von Kant selbst gezeichnet worden, wir
wissen nur, dass sie metaphysisch, d. i. a priori und zwar rein
aus Begriffen sein müsse: nicht nur an dieser Stelle, sondern
in der ganzen Kritik fehlt, abgesehen von der immer wiederkehrenden Versicherung der absoluten Sicherheit und in Sonderheit der apodiktischen Gewissheit, jede ausführlichere Aus-
lassung über den Charakter der Methode, ja es fehlt bis auf
die Deduction der Kategorien jede controlirbare Ausführung

derselben. Daher ist der Gang dieses zweiten Theiles unserer Untersuchung uns von Kant selbst nicht vorgeschrieben, wie der des ersten: wir müssen, um uns nicht in Abstrusitäten zu verlieren, die einzelnen Schritte der metaphysischen Deduction sorgfältig auseinander legen und versuchen, den methodischen Gang selbst daraus abzuleiten. Vielleicht ist kein Problem der Kantschen Philosophie der Tummelplatz so widersprechender Ansichten, vor Allem so verkehrter Auffassungen Kants geworden, als das Grundproblem der Methode; um so nothwendiger ist hier der Versuch, einen ebenen, ruhigen Weg durch das Getümmel des Widerstreits und der Missverständnisse zu bahnen.

I.

Das Princip der Deduction.

Die Kategorie hat in dem System der Kantschen Erkenntnisstheorie ausser der verbindenden Function im Urtheil noch
eine elementarere, aber darum nicht weniger wichtige Function:
es ist die der Bildung der Einzelvorstellung. Vielleicht eben
deshalb, weil diese als präparatorische überall vorausgesetzt
wird, weil sie die Vorbedingung für jede höhere Anwendung
der Verstandesthätigkeit ist, geschieht ihrer seltener und niemals mit derjenigen Ausführlichkeit Erwähnung, mit der uns
Kant die eminente Bedeutung des reinen Verstandesbegriffs
für die Urtheilsbildung wieder und wieder vor Augen führt.
Es lässt sich auf der einen Seite zweifellos erweisen, dass Kant
den Uebergang von der rein subjectiven Empfindung zu der
Vorstellung des einzelnen sinnlichen Gegenstandes als durch
den reinen Verstandesbegriff gewirkt ansieht, und es lässt sich,
wie ich glaube, auf der andern Seite mit derselben Evidenz
zeigen, dass er bei der Idee seiner metaphysischen Deduction
diese primäre Function der Kategorie zu Gunsten der höheren,
ersterwähnten in einem Grade ausser Acht gelassen hat, dass
das ganze Princip einseitig und damit fehlerhaft werden musste.

Die Schwierigkeit jeder Definition der Empfindung, die
wesentlich darin liegt, dass nur eine feste metaphysische Anschauung über das Verhältniss zwischen Subject und demjenigen,
was nicht Subject, Object, absolut, Ding an sich ist, dazu
befähigt, lässt es wünschenswerth erscheinen, den Begriff der
Empfindung rein empirisch seinem Umfange nach festzustellen.
Denn während man mit Ausnahme einiger streng orthodox auf

ein bestimmtes System hin geschulter Köpfe kaum einem Widerspruch entgegen zu sehen braucht, wenn man sagt: Empfindungen seien diejenigen physischen Acte, die den specifischen Qualitätenkreisen der fünf Sinne entsprechen, — und dass diese physiologische, selbst auf Empfindungen ruhende Umschreibung keine Definition, nur eine empirische Grenzbestimmung ist, ist wol ohne Weiteres offenbar — so lässt sich andererseits keine wahrhafte Definition geben, bei der man hoffen dürfte, auch nur mit einem Philosophen lebender und todter Zeiten in Uebereinstimmung zu sein. Wenn es irgend ein Problem der Philosophie giebt, auf dem die babylonische Begriffsverwirrung ihre trostlosen Folgen für die Fähigkeit gegenseitiger Verständigung gezeigt hat, so ist es dasjenige des Zusammenhangs des subjectiven mit einem absoluten Sein: hier ist der eigentliche Sitz der Privatsysteme, und doch ist hier zugleich der einzige Punkt, von dem aus die Empfindung als Manifestation eines anders gearteten Seins durch das subjective begrifflich begrenzt werden könnte.

Die Ausbeute, welche Erfahrung über das Wesen der Empfindung liefern kann, tritt uns in zwei grossen Capiteln zweier rein empirischer Wissenschaften entgegen: in der Empfindungslehre der Physiologie und derjenigen der Psychologie. So verschiedenartig die Richtung ist und sein muss, in der dasselbe Thema in beiden Gebieten gefasst und bearbeitet wird, so vereinigen sich Physiolog und Psycholog in der Anerkennung dreier jedenfalls in der Erfahrung aufweisbarer, nach der Anschauung der Meisten durch Erfahrung gewonnener fundamentaler Grundsätze, deren die Forschung beider Wissenschaften für die Bestimmung des Gegenstandes ihrer Untersuchungen wie für die Durchführung derselben gleichmässig benöthigt ist. Dass die Empfindung subjectiv sei, d. i. abhängig von der Natur der empfangenden Sinnlichkeit, ist der erste; der zweite, dass sie einen Grad, eine Intensität habe; der dritte, dass es verschiedene Qualitäten der Empfindung gebe, denen nur das specifische, nicht anders als in der Empfindung selbst demonstrirbare Wesen der Empfindung gemeinsam sei. Diese drei Sätze sind, wenn sie auch meist coordinirt erscheinen, nicht von gleichem erkenntnisstheoretischen Werth; doch übergehe ich hier die Frage, wieviel davon als durch Erfahrung erworben, wieviel als nur in der Erfahrung erkannt und erkennbar angesehen werden muss, wie ins Besondere das Verhältniss des zweiten Satzes zur Anticipation der Wahrnehmung als einem apriorischen Grundsatze sich stelle. Der erste und dritte Grundsatz zusammen geben die oben angeführte, namentlich in physiologischen Werken oft wiederkehrende empirische Bestimmung des Umfanges des Begriffs — Empfindung. Die Discussion dieser Grundsätze, von deren Fruchtbarkeit die Sinnesphysiologie ausgezeichnete Beispiele bringt, liegt ausser dem Bereich des gestellten Themas; doch sind sie Ursache eines Missverständnisses geworden, das für die gesammte Erkenntnisstheorie in hohem Maasse verhängnissvoll zu werden droht und deshalb einer Erwähnung und Aufklärung bedarf.

Der Erklärung:[1] „Die Empfindung sei an sich nichts als ein Zustand unseres Befindens, eine Art, wie uns zu Muthe ist," wird man seine Zustimmung in sofern nicht versagen können, als dieselbe den rein subjectiven Charakter der Erfindung, ihre Freiheit von jeder Beziehung auf ein objectiv Seiendes — wenn

---

1) Lotze, Logik. S. 15. Diese Erklärung ist fast gleichlautend mit der als Definition ganz ungenügenden Kants: „Eine Perception, die sich lediglich auf das Subject als die Modification seines Zustandes bezieht, ist Empfindung." (II 258.) Die Definitionen der Empfindung in der Kritik der reinen Vernunft sind ausnahmslos von geringem Werth für die Erkenntnisstheorie, namentlich diejenige: „Empfindung ist die Materie der Erscheinung." Bei Weitem die beste ist die, welche in der Kritik der reinen Vernunft als erste gegeben wird: „Die Wirkung eines Gegenstandes auf die Vorstellungsfähigkeit, soferne wir von demselben afficirt werden, ist Empfindung;" nur muss hier „Gegenstand" in richtigem Sinne verstanden werden. Das Wort „Gegenstand" hat in der Kritik der reinen Vernunft eine dreifache (nicht wie Hölder meint, eine doppelte [Darstellung der Kantischen Erkenntnisstheorie S. 7 f.]) Bedeutung: es steht erstens für Ding an sich, ferner für die einzelne sinnliche Anschauung, drittens für dasjenige in der Letzteren, was die Kategorie darin setzt, d. i. dasjenige,

sie auch als durch ein solches gewirkt angesehen wird — in grosser Bestimmtheit zum Ausdruck bringt. Die Sinnesphysiologie selbst steht mit dieser Anschauung in vollkommenster Uebereinstimmung, sofern sie von der Empfindung, die nur Qualität und Intensität hat, die Wahrnehmung abtrennt und den Unterschied der Letzteren von der Ersteren in das Hinzutreten all' der Momente legt, welche den einzelnen Gegenstand als solchen bezeichnen. Es ist sehr unzweckmässig, wenn jüngere Philosophen und Naturforscher sich dieser schon von Kant in grosser Präcision gemachten Unterscheidung nicht anschliessen und die Bezeichnungen „Empfindung" und „Wahrnehmung" promiscue durch und für einander gebrauchen: abgesehen von der Schwierigkeit, sich durch ein solches Gedränge verschiedener Bedeutungen desselben Wortes hindurchzuwinden, ist dem Problem selbst beständig Schaden daraus erwachsen, denn mit der Identificirung der Namen ist die der Sachen nicht selten Hand in Hand gegangen, wovon Classens räumlich ausgedehnte Gesichtsempfindungen ein deutliches Beispiel bringen. (Classen Ges. Abhandl. über physiol. Optik und Virchows Archiv XXXVIII 1 u. 4.)

Andererseits entsteht aber durch eben diese in neuester Zeit häufig in mannigfacher Form wiederkehrende Charakteristik der Empfindung als eines Zustandes unseres Befindens der Anschein, als ob die Beziehung auf ein Subject in ihr als wesentlicher, integrirender Factor enthalten sei, und diese Anschauung ist nicht weniger irrig als diejenige, welche in jeder Empfindung schon die Beziehung auf ein verursachendes Object als ihrer Natur eigenthümlich sucht. Die Empfindung als

was übrig bleibt, wenn der Antheil der Empfindung und der reinen Anschauung aus der Einzelvorstellung fortgelassen wird. Sofern in der obigen Erklärung der Empfindung der Gegenstand in der letzten Bedeutung gefasst wird, haben wir darin einen vortrefflichen präcisen Ausdruck für das Verhältniss, in dem Empfindung, Substanz und Causalität in der Anschauung vereinigt erscheinen, damit ist die Stelle aber mehr zu einer Definition der Anschauung als der Empfindung geworden.

Modification eines subjectiven Zustandes zu erklären, ist wol statthaft; dagegen ist es falsch zu behaupten, dass die Empfindung sich dem Subject als eine Modification seiner selbst darstelle, dass man in der Empfindung sein eigenes Subject alterirt empfinde. Der Sensualismus pflegt von dieser auf keine Weise zu rechtfertigenden Anschauung aus die Versuche anzustellen, die elementaren Vorstellungen als aus Empfindungen entstehend, als aus ihnen durch Construction ableitbar zu erweisen, und sofern ihm das Recht dieser ersten scheinbar unverfänglichen und mit modernen naturwissenschaftlichen Anschauungen zusammenstimmenden Annahme zugestanden wird, giebt man sich ihm in grosser Ausdehnung gefangen. Der Unterschied der Empfindungen, z. B. der Beleuchtungsstärken oder der Innervationsgefühle ist es, was hier zu Grunde gelegt wird; das muss nach dem Katechismus eines Sensualisten ohne Weiteres zugegeben werden, dass ich zwei Empfindungen als verschieden der Qualität oder der Intensität nach empfinden könne, und sofern diese „Empfindung des Unterschiedes" einerseits als die Quelle aller abgeleiteten Erkenntnisse, andererseits als ein rein sinnliches, nur durch die Empfindung gegebenes Phänomen hingestellt wird, lässt sich mit einigem Schein von logischer Consequenz die sinnliche Abkunft aller Erkenntniss demonstriren. Namentlich in England hat dieses Dogma einer ganz unentwickelten Erkenntnisstheorie zahlreiche Anhänger; in Deutschland erscheint es in anderer, weniger präciser Gestalt. Hier ist nicht die Empfindung die ursprüngliche Quelle aller Erkenntniss, sondern die Erfahrung: alle die Vorstellungen, welche zur Constituirung der Erfahrung als unserer höchst entwickelten Erkenntniss nothwendig sind, sollen selbst ihren Ursprung in der Erfahrung haben. In dieser Fassung des Princips des Sensualismus, der wir namentlich in Kreisen philosophirender Naturforscher häufig begegnen, ist dasselbe in sich widersinnig und bedarf keiner Widerlegung; nur sofern wir von der falschen Ausdrucksweise abstrahiren, tritt es in die Reihe wissenschaftlich discutirbarer Fragen.

Von dem Einfluss, den der Sensualismus, vielleicht ohne

recht zum philosophischen Bewusstsein zu kommen, auch in Deutschland ausübt, legt ein in psychophysischen Untersuchungen neuester Zeit häufig wiederkehrender Ausdruck Zeugniss ab. Die „Unterschiedsempfindlichkeit" der modernen Psychophysik ist die Wort gewordene Grundanschauung des Sensualismus. Man bezeichnet damit die Fähigkeit, zwei Empfindungen desselben Qualitätenkreises als quantitativ, d. i. der Intensität nach verschieden zu erkennen. Dass diese Fähigkeit sehr mit Unrecht als Empfindlichkeit bezeichnet wird, während sie eine Wahrnehmungsfähigkeit des Unterschiedes von Empfindungen ist, ist vielleicht allein daraus ersichtlich, dass es keines neuen sinnlichen Eindruckes bedarf, um mir den Unterschied der Empfindungen gegenständlich vorzuführen, was doch dann der Fall sein müsste, wenn er in Wahrheit empfunden würde. Trotzdem lesen wir wieder und wieder von der grösseren oder geringeren, wachsenden oder abnehmenden Fähigkeit, zwei Eindrücke als verschieden zu empfinden, und ich nehme nicht Anstand zu glauben, dass im Allgemeinen die Nachlässigkeit des Ausdrucks Ursache der Nachlässigkeit des Gedankens geworden ist, welche die so mangelhafte erkenntnisstheoretische Basis des modernen Sensualismus verschuldet hat.

Es ist wahrhaft erstaunlich, dass diese Speculationen eines metaphysischen Dogmatismus, die an Abenteuerlichkeit und Uncontrolirbarkeit selbst in den ärgsten Systemen deutscher Metaphysik kaum ihres Gleichen finden, sich in naturforschenden Kreisen den Ruhm einer philosophischen „Erfahrungswissenschaft" haben erwerben können, nur weil sie in dem Flittergewande halbverstandener Schlagwörter der modernen Naturwissenschaft einhergehen: von ernsthaften Gelehrten konnte diese „Erfahrungsphilosophie" als eine Philosophie der Zukunft, als ein Hinausgehen über Kant gezeichnet werden, und man übersah dabei, dass man mit der denkenden Empfindung, mit der Vermischung der beiden Grundelemente der menschlichen Erkenntnisskraft, der Sinnlichkeit und des Verstandes, sich den Zeiten einer intellectuellen Anschauung mit ihrem ganzen monströsen Gefolge nähere.

Die Eigenschaften der Empfindung, welche man durch Reflexion über Erfahrungen als ihr eigenthümlich erkannt, d. i. ihre Subjectivität einerseits, ihre „Ausdehnung nach zwei Dimensionen", Qualität und Intensität, andererseits selbst zu empfindbaren zu machen, ist durchaus unberechtigt und straft sich in dem ganzen System einer darauf gegründeten Erkenntnisstheorie durch Unklarheit und Widersprüche. Es ist ein Anderes behaupten, dass Qualität und Intensität einer bestimmten Farbe nur durch die Empfindung erkannt werden können, ein Anderes, die Vorstellungen der Qualität und Intensität zu Inhalten der Empfindung zu machen.

Wie wesentlich es für die principielle Stellung allen Fragen der Erkenntnisstheorie gegenüber ist, sich den Inhalt dessen klar vor Augen zu führen, was die Empfindung allein als solche zu dem Bau der Erkenntniss liefert, mag noch durch ein Beispiel erhärtet werden. Der Versuch, die Vorstellung des Ich aus den Empfindungen, namentlich aus der gleichzeitigen Existenz von Empfindungen verschiedener Qualität abzuleiten, ist nicht neu und kehrt immer von Zeit zu Zeit wieder. Und doch ruht das ganze Unternehmen auf einem Gedanken, dessen Fehlerhaftigkeit in dem Augenblicke klar ist, in dem zugestanden wird, dass zwischen dem blossen Acte des Empfindens und der Vorstellung einer Empfindung als zum Ich gehörigen eine Kluft liegt, die nicht in der Empfindung selbst überbrückt werden kann. Nur wer schon in jeder einzelnen Empfindung das Ich annimmt, kann es unternehmen, aus der Summe derselben die Totalvorstellung entstehen zu lassen, denn wie aus einer Anzahl homogener Elemente ein Heterogenes entstehen sollte, das in keinem der einzelnen Elemente offen oder versteckt enthalten war, bleibt unerklärt; und wenn wiederum in jedem Act der Empfindung sein Ich als Empfindungsinhalt mitgegeben wurde, der konnte die Arbeit sparen, aus Empfindungreihen das mühsam herzuleiten, was er so wunderbar einfach erhalten hatte.

Jede Empfindung existirt an und für sich vor dem Hinzutreten einer spontanen Thätigkeit des Subjects nur als ein psychisches Factum specifischer Art, in dem als solchem für das empfindende Subject — nicht für die objective Reflexion — weder eine Beziehung auf ein Subject oder Object, noch Verschiedenheit der Qualität, noch der Intensität gegeben sind. In dem Chaos blosser Empfindungen, dass wir ebenso wenig erfahren können, als das der reinen d. h. schlechthin apriorischen Vorstellungen, giebt es für das empfindende Subject kein „stärker" oder „schwächer", keine Zahl, keinen Unterschied der Qualitäten, ja es giebt, sofern wir von allen psychischen Thätigkeiten ausser der des Empfindens abstrahiren, keine Beziehung der einzelnen Empfindung auf ein empfindendes Subject, es giebt mithin keine Verknüpfung auf einander folgender Empfindungen an demselben, keine Objectivirung der Empfindung zur Eigenschaft des Gegenstandes. Ob ein solches Chaos in dem ersten Stadium der Kindheit, ob es in niedrigen Thierklassen existirt, ist und bleibt zweifelhaft; es muss von allen Denjenigen angenommen werden, die den Besitz der Kategorien auf den Menschen einschränken und die erste Verwerthung dieses Besitzes nicht unmittelbar mit dem Erwachen der Empfindungen eintreten lassen. Auch ist die Entscheidung dieser rein psychologischen Frage für die theoretische Untersuchung irrelevant: es genügt, festzustellen, dass in der Empfindung als einem Act des psychischen Geschehens dem Subject die Eigenschaften der Qualität und Intensität nicht gegeben sind, welche doch die charakteristischen Merkmale der durch Abstraction gewonnenen begrifflichen Vorstellung der Empfindung sind. Damit ist zugleich ausgesprochen, dass der Streit des subjectiven und objectiven Seins in der Empfindung selbst niemals zum Austrag kommen könne, denn nur da, wo Grade, wo Unterschiede existiren, können Gegenstände als verschieden, können Eigenschaften zu Gegenständen gesetzt werden.

Daraus folgt, dass aus der Empfindung allein niemals

Erkenntniss, niemals Erfahrung entstehen könne, dass alle
Versuche, aus einer sogenannten „Theorie der Empfindung"
die Vorstellungen abzuleiten, welche mit Empfindungen zusammen Erkenntniss geben können, auf einer falschen Bestimmung der Empfindung beruhen, und zwar in der Art,
dass die abzuleitenden und durch die englischen Theorien
scheinbar abgeleiteten Vorstellungen in Wahrheit schon als
ihr vollkommen heterogene Elemente in die Empfindung
hineingesteckt wurden, wodurch dann das ganze Unternehmen
illusorisch, ein philosophisches Gaukelspiel wird.

Zugleich mit der Einsicht in die Unzulänglichkeit der
Empfindung zur Constituirung einer Erkenntniss tritt das
Problem der Kategorien in seiner ganzen Bedeutung auf.
Da wo neben dem Empfinden das Denken als integrirender
Bestandtheil der Erkenntniss angenommen, wo die Unmög-
lichkeit einer Zurückführung des letzteren auf das erstere
eingesehen, wo damit die Trennung zweier ursprünglicher
Erkenntnisskräfte vollzogen ist, da erhebt sich die Frage
nach den Formen des Denkens, nach der Anzahl und Art
der elementaren Denkmomente, durch deren Zusammenwirken
mit Empfindungen der Bau der Erkenntniss erstehe. Der
Theorie der Erkenntniss ist damit ihr Weg vorgezeichnet:
sie hat die geringstmögliche Anzahl einfachster Erkenntniss-
Elemente aufzusuchen und zu erklären, wie aus dem In-
einandergreifen derselben Erfahrung werden könne, sie hat
analytisch das Gefüge der Erfahrung auseinanderzunehmen
bis auf die einfachen, nicht weiter theilbaren Bestandstücke,
sie hat durch eine Synthesis derselben das Princip ihrer
Zusammensetzung zu zeigen und damit zugleich die Vollständigkeit ihres analytischen Verfahrens zu erweisen, sie
hat, um einen hier oft gebrauchten Vergleich zu wiederholen, auf dem Gebiete der Erkenntniss die Aufgabe des
analytischen wie des synthetischen Chemikers zu vollziehen,
sie steht ihrem Problem gegenüber ganz so wie die Theorie
der physischen Kräfte: die „nothwendige und hinreichende"
Anzahl elementarer Bedingungen und die Gesetze ihrer

vereinigten Wirkung zu finden, ist hier wie dort das
Losungswort.

Die Aufgabe der Erkenntnisstheorie, ihre Bedeutung
und damit insbesondere die Bedeutung des Kategorienproblems
dem modernen philosophischen Bewusstsein vorstellig gemacht zu haben, ist das ausschliessliche Verdienst Kants,
und die nachkantische, von der heutigen in philosophischer
Hinsicht denkwürdig unproductiven Zeit mit Unrecht ge-
schmähte Philosophie hat trotz aller Verirrungen in der
Lösung desselben sich die elementare Bedeutung des Problems der Kategorien in der Reihe der philosophischen Probleme überhaupt stets gegenwärtig gehalten. Noch am Ende
der vierziger Jahre dieses Jahrhunderts konnte im Hinblick
auf Trendelenburgs, Weisses und seine eigenen Arbeiten
Ulrici[1]) den Ernst und Eifer, mit dem man sich der
Bearbeitung des Kategorienproblems hingab, mit Recht als
ein erfreuliches Zeichen des tiefen philosophischen Zeitgeistes begrüssen. Fast alle nachkantischen Systeme setzen
hier mit ihrer ganzen speculativen Kraft ein: die reine
Denkbewegung Hegels, Fichtes Unterschiedsetzung zwischen
Ich und Nicht-Ich, Schopenhauers Causalität, Trendelenburgs Bewegung, Ulrici's unterscheidende Denkthätigkeit
sind vereinzelte Beispiele von Lösungsversuchen des Kategorienproblems aus jener Zeit. Heut zu Tage sind die
Stimmen verstummt, die früher in so grosser Anzahl und
in so stürmischer Weise zur Discussion des Problems riefen,
es ist in höchstem Grade „unzeitgemäss" geworden, und
ausser in den Werken über Kants Philosophie erhält man
kaum noch von dem Problem Kunde, das durch mehr als
ein halbes Jahrhundert die philosophischen Geister in seinem
Dienste unterjocht hielt. Es ist hier nicht der Ort, die
Gründe dieser Erscheinung aufzusuchen, noch weniger die
Schlüsse zu ziehen, welche sich aus derselben auf den phi-

---

[1]) Fichte und Ulrici. Zeitschrift für Philosophie. Band XIX.
Seite 91.

losophischen Gehalt des Zeitgeistes ableiten lassen.¹) Nur
musste die Thatsache denjenigen gegenüber erwähnt werden, welche nach der „Ueberwindung Kant's durch die moderne Naturwissenschaft" geneigt sind, das rein „scholastische"
Problem für erledigt zu erklären. Im Verlauf der Untersuchung bietet sich bald Gelegenheit, die Argumentationen
dieser Gegner der Kategorienlehre an einem Beispiel zu
erörtern.

Bei Kant liegt nun die erste Leistung der Kategorie
in der Erhebung der Empfindung zur Anschauung, d. i. in
der Verbindung des Empfindungsinhaltes mit der Vorstellung des Gegenstandes. Den Kennern der Kritik der reinen
Vernunft wird diese Auffassung aus unzähligen Stellen
seines Werks geläufig sein. Ich setze hier nur einige derselben als Belege her:

II, 146. „Was nun in der empirischen Anschauung der
   Empfindung correspondirt, ist Realität."

II, 126. „Realität ist im reinen Verstandesbegriffe das,
   was einer Empfindung überhaupt correspondirt;
   dasjenige also, dessen Begriff an sich selbst ein
   Sein anzeigt."

II, 101. „Da nun diese Einheit als a priori nothwendig
   angesehen werden muss (weil die Erkenntniss sonst
   ohne Gegenstand sein würde), so wird die Beziehung auf einen transscendentalen Gegenstand,

---

¹) Die grundlegende Bedeutung des Problems und seine Unum-
gänglichkeit in jeder Theorie der Erkenntniss hat diese Zeit seiner
Vernachlässigung recht schlagend vor Augen gestellt, denn, abgesehen
von den Forschungen der Kantianer, wie in erster Linie Lotzes, ferner
Riehls, Cohens, hat die deutsche Erkenntnisstheorie jüngster Zeit nur
Producte trostlosester Art und ausser einigen auf Missverständniss
ruhenden Imitationen englischer Versuche auch nichts Neues gebracht.
Um so dringender ist ein erneutes Studium des Problems in Deutschland nothwendig, und die in Aussicht stehenden Werke von Lotze und
Riehl lassen hoffen, dass hier dem nur zu lange vernachlässigten Problem Gerechtigkeit widerfahren werde.

d. i. die objective Realität unserer empirischen Erkenntniss auf dem transscendentalen Gesetze beruhen, dass alle Erscheinungen, soferne uns dadurch Gegenstände gegeben werden sollen, unter Regeln a priori der synthetischen Einheit derselben stehen müssen, nach welchen ihr Verhältniss in der empirischen Anschauung allein möglich ist, d. i. etc."

II, 714. „ . . . Durch die Empfindungen der Farben, Töne und Wärme, die aber, weil sie bloss Empfindungen und nicht Anschauungen sind, an sich kein Object erkennen lassen."

In der Anschauung wird also der Empfindung etwas gegeben, was ihr als Reales correspondirt, d. i. der Gegenstand.

Wenn auch alle Erkenntniss und alles erkennende Denken fortschreitet in Urtheilen, so bedarf es doch, ehe Vorstellungen überhaupt für Urtheile verwendbar werden, einer präparatorischen Fassung derselben, die man als „Objectivirung" der Empfindung nicht unpassend bezeichnet hat. Lotze bedient sich, um die Nothwendigkeit einer solchen gedanklichen Vorbereitung anschaulich zu machen, eines treffenden Vergleichs:

„Aus lauter Kugeln lässt sich ein Haufe leicht zusammenwerfen, wenn es gleichgiltig ist, wie sie liegen; ein Gebäude von regelmässiger Gestalt dagegen ist nur aus Bausteinen möglich, die einzeln bereits jeder in Formen gebracht sind, in welchen sie einander passende Flächen zu sicherer Auffügung und Auflagerung zuwenden." [1]

Aehnlich verhält es sich mit den Bausteinen der Erkenntniss. Die Empfindungen rein als Erregungen unseres Innern können nach den Gesetzen einer psychischen Association ablaufen und diese Gesetze mit natürlicher Nothwendigkeit erfüllen. Da aber, wo der Gedanke verbindend

---

1) Logik S. 14.

unter sie treten soll, da müssen sie der Möglichkeit einer
solchen Verbindung durch eine vorhergehende Formung nahe
gebracht, es muss der Process ausgeführt sein, von dem
früher behauptet wurde, dass er in der Empfindung selbst
niemals vollzogen werden könne. Wenn man sich auch
nicht ohne Weiteres wird zur Annahme der drei Grade der
Objectivirung bekennen können, die Lotze als präparatorische für die Ausübung der Denkthätigkeit im engeren Sinne
supponirt, wenigstens so lange nicht, als die Angabe der
Erkenntnisselemente und Erkenntnissprocesse fehlt, durch
welche jeder Grad von jedem andern unterschieden ist, so
lange also die erkenntnisstheoretische Erklärung fehlt, in
welcher Art man sich die verschiedenen Grade der Ob-
jectivität bedingt zu denken habe — so liegt doch in der
Annahme einer solchen Objectivirung und der Betonung
ihrer elementaren Wichtigkeit für alle höheren Denk-
functionen ein ausgezeichnetes Verdienst des Lotzeschen
Werkes der Mehrheit der früheren gegenüber. Mit Recht
heisst es S. 35:

> „Zuerst liegt eine gewisse unrichtige Sorglosigkeit
> der Logik darin, dass sie in ihrem späteren Verlauf
> die Vergleichbarkeit von Vorstellungen und die
> Möglichkeit ihrer Unterordnung unter ein Allge-
> meines fast in jedem Augenblicke voraussetzt, ohne
> vorher bemerkt zu haben, dass diese Möglichkeit,
> dass überhaupt das Gelingen aller ihrer Schritte
> auf dieser ursprünglichen Einrichtung und Glie-
> derung der ganzen Welt des Vorstellbaren beruht,
> einer Einrichtung, die an sich nicht denknothwendig,
> um so nothwendiger freilich für die Möglichkeit
> des Denkens ist.“

Dass man sich wol das vollkommene Fehlen jeder gedanklichen Verarbeitung des Empfindungsinhaltes denken
könne, ist bereits früher erwähnt und mit als ein Beweisgrund dafür angeführt worden, dass in der Empfindung
selbst die Keime dieser Verarbeitung nicht liegen können,

weil sonst angenommen werden müsste, dass in einem nach
natürlichen Gesetzen empfindenden Wesen auch jede ent-
wickeltere Gestaltung der Empfindung zur Vorstellung mit
Nothwendigkeit gegeben sei.

Da also, wo zum ersten Male in das Bewusstsein
eines empfindenden Subjects die Vorstellung irgend einer
Art des Seins, sei es als Eigenschaft eines äusseren Gegenstandes, sei es als Modification im Zustande des Subjects,
eingetreten ist, da hat die Berührung der Empfindung mit
der Kategorie stattgefunden. Ich betone schon hier, dass
es vollkommen gleichgiltig ist, ob die Existenz der Empfindung subjectiv oder objectiv gedacht, ob sie an das per-
cipirende Subject oder an den vom Subject als von ihm
verschieden gesetzten Gegenstand gehängt wird, in beiden
Fällen ist die Kategorie in gleichem Maasse, wenn auch
in verschiedener Weise wirksam.

Lotze macht darauf aufmerksam, dass auf der ersten
Stufe der Objectivirung der sinnliche Eindruck noch nicht
mit dem Anspruch auf eine reale, metaphysische, vom Subject abtrennbare Existenz hingestellt werde. S. 16:

„Es ist hier ganz gleichgiltig, ob einzelne Theile
dieser Gedankenwelt etwas bezeichnen, was noch
über dies ausserhalb der denkenden Geister selbstständige Wirklichkeit besitzt, oder ob ihr ganzer
Inhalt überhaupt nur in den Gedanken der Denkenden, mit gleicher Giltigkeit dann für Alle, Dasein
hat."

Es mag zunächst dahingestellt bleiben, ob wir es hier
in der That mit zwei verschiedenen Arten der Objectivirung
zu thun haben, was dann niemals wird behauptet werden
können, wenn man Nothwendigkeit und Allgemeingiltigkeit
einerseits und objective Giltigkeit andererseits als Wechselbegriffe betrachtet. In diesem Satze fehlt aber überdies
eine ausdrückliche Erklärung — und ich vermisse dieselbe
auch in den anderen hierher gehörigen Erörterungen des
Lotzeschen Werkes — ob mein Subject, sofern es modi-

ficirbares Subject zu Empfindungen ist, innerhalb oder ausserhalb dieses Kreises von objectivirten Vorstellungen steht. Es scheint gerade dasjenige ausgeschlossen zu sein, was ich wesentlich betont wissen möchte, dass auch in der Beziehung der Empfindung auf mein Subject eine objectivi‑ rende Thätigkeit des Verstandes mit Nothwendigkeit an‑ genommen werden muss, und nur sofern mein Subject mit zu demjenigen gerechnet wird, was „ausserhalb der denken‑ den Geister selbstständige Wirklichkeit besitzt“, kann das hier entstehende Bedenken gehoben werden. Eine gewisse Freiheit des Ausdrucks lässt leicht den Anschein entstehen, als ob derselbe fundamentale Unterschied, der für den em‑ pirischen Werth der Erfahrungsvorstellung in der subjecti‑ ven oder objectiven Giltigkeit liegt, auch auf dem Boden der Erkenntnisstheorie existire; und diese, wie ich weiter unten zu zeigen versuchen werde, auch bei Kant auftretende Auffassung ist durchaus zurückzuweisen. Wenn Lotze von der „Objectivirung des Subjectiven“ spricht, wo es Objecti‑ virung der Empfindung, des sinnlichen Eindrucks heissen sollte, so wird Niemand eine incorrecte oder gar eine fehlerhafte Ausdrucksweise darin finden können, da ja Empfindungen gewiss zum Bezirke des „Subjectiven“ ge‑ hören; doch wird dadurch die Vorstellung nahe gelegt, als ob durch die Objectivirung des Subjectiven dieses selbst ausser das Bereich des Subjectiven gesetzt werde, während gerade in der Bezeichnung der Empfindung als eines Sub‑ jectiven ihr das Object in Wahrheit schon gegeben ist. Es liesse sich wol ein erkennendes Wesen denken, das bei gleicher Art und Mannigfaltigkeit der Empfindungen, wie wir, doch dieselben alle auf sein eigenes Subject bezöge, nur als Modificationen desselben auffasste, und dem, sofern es nur den Unterschied zwischen sich und seinem Zustande setzt, seine Welt des sinnlich Vorgestellten in ihm selbst endigte. Von den Empfindungen dieses Wesens könnte man doch unter allen Umständen nicht behaupten, dass ihnen ein Ob‑ ject fehle: das empfindende Subject ist hier zugleich Ob‑

2*

ject der Empfindung; man könnte einem Wesen wie diesem
eine Erfahrung ebenso gut zuerkennen wie dem Menschen,
nur eine Erfahrung anderer Art, für die aber die mensch-
liche nicht ohne Analogon ist; man müsste in einem solchen Wesen eben so gut eine Reihe reiner Verstandeselemente, Kategorien supponiren; ja es wäre wol denkbar, wenn auch nicht nothwendig, dass selbst die Kategorie
der Causalität in dieser Reihe sich fände, und dass die
Reihe der Ursachen mit derjenigen der Wirkungen in demselben Object, in diesem Falle im Subject, zu suchen wäre.
Man wird sich nicht an der psychologischen Schwierigkeit
stossen, die die Durchführung der Vorstellungen eines solchen
Wesens für den Menschen hat, noch weniger an der Abenteuerlichkeit der nur als möglich hingestellten Annahme —
man vergleiche damit Helmholtz' Ausführungen über die
geometrischen Anschauungen nach zwei Dimensionen aus-
gedehnter Wesen [1]) — nur scheint mir die Denkbarkeit
von Vorstellungscombinationen wie die eben angedeuteten
darauf hinzuweisen, dass das Object der Empfindung nicht
nothwendig in einer andern als der empfindenden Existenz,
d. i. im Subject gesucht werden müsse, dass man mithin
die erkenntnisstheoretische Leistung der Kategorie früher
habe eintreten zu lassen, als dies gemeinhin geschieht.
Da wo eine Empfindung nicht mehr nur empfunden ist,
da wo sie als zugehörig zum Subject erkannt ist, schon
da hat sie ihr Object, ihren Gegenstand erhalten, schon
da hat die Kategorie ihren befruchtenden Einfluss geübt.

Der Widerspruch, dem diese Anschauung entgegen sieht,
ist erklärlich aus der doppelten Bedeutung des Wortes „Subject" in der theoretischen Philosophie, lässt sich wohl aber
in einer festen Erörterung dieses Begriffs beseitigen. In der
Welt des empirischen Seins, in der Welt, in der ich athme,
lebe, einen Namen führe, in die ich durch Geburt eingetreten
bin und aus der der Tod hinausführt, in dieser Welt scheidet

---

[1]) Populäre Vorträge, Heft III. S. 27 und 28.

sich mein Subject von der unendlichen Fülle der Objecte durch
eine Reihe empirischer Vorstellungen, durch räumlich und
zeitlich geordnete Empfindungen. Dasselbe, was das einzelne
empirische Object von jedem andern trennt, der Unterschied
der empirischen Merkmale, scheidet auch das empirische Subject von der Menge dessen, was sonst als empirisch real die
Welt des sinnlich Vorstellbaren ausfüllt. Gewiss ist es ein
Problem von unabsehbarer Tiefe und Schwierigkeit, auf welche
Art und nach welchen Gesetzen die Trennung der Einzelobjecte
erfolge, wie es komme, dass nicht jede Empfindung ihr geson-
dertes Object erhalte, dass bestimmte Empfindungsgruppen
einem gemeinsamen Gegenstande als Eigenschaften angehängt
werden, welche Art der Verknüpfung zwischen Empfindungen
in ihrer Entstehung oder in ihrem Wesen gedacht werden
müsse, um diese scheinbar unerklärliche Willkürlichkeit durch
Gesetze begreiflich zu machen. Aber dieses Problem wird
weder vertieft noch erschwert durch die Bemerkung, dass sich
von der Menge der gesonderten empirischen Objecte das empirische Subject in gewissem Gegensatze abhebe. Dieser Gegensatz ist nicht grösser als der zwischen irgend zwei Existenzen, die nie in einander übergeführt werden können, also als
der Gegensatz aller Einzelwesen; zugleich existirt er aber nur
innerhalb der Welt empirischer Objecte, in der das empirische
Subject eine coordinirte⁻Stelle neben den einzelnen Gliedern
hat, aus denen sie sich zusammensetzt. — Dagegen hebt
sich die Welt der empirischen Objecte in ihrer Totalität, zu
der mein empirisches Subject als Theil gehört, in schreiendem
Contraste ab gegen den Begriff desjenigen Subjects, zu dem
alle objectivirten Empfindungen, alle einzelnen empirischen
Objecte nur als Prädicate gehören, demgegenüber aber auch
mein ganzes empirisches Subject, all' das, was gemeinhin mein
„Ich" heisst und als diesem „Ich" specifisch eigenthümlich
angesehen wird, nur Object ist. Hier ist der physische Gesichtspunkt der Trennung von Object und Subject durch den metaphysischen überwunden, an Stelle des empirischen Subjects
ist das transscendentale getreten. Man mag sich mit dieser

Kantschen Terminologie einverstanden erklären oder nicht, immerhin wird zugestanden werden müssen, dass die Erkenntnisstheorie, welche alle sinnlichen Vorstellungen äusserer Objecte auflöst in Empfindungen und Elemente einer Verstandesthätigkeit, diesen selben Zersetzungsprocess durchzuführen habe an demjenigen Complexe von Vorstellungen, der in seiner Zusammengehörigkeit die physische und psychische Seite meiner empirischen Existenz ausmacht; und wenn mit dem ganzen Reichthum äusserer Objecte sich auch dasjenige in einer Reihe von Vorgestelltem auflöst, was von einem naiven Bewusstsein als unveräusserlich verbunden mit dem vorstellenden Subject gedacht wird, dann erhebt sich die Vorstellung des Subjects in jener geläuterten Gestalt, in der sie die Grundlage aller Erkenntnisstheorie wie aller Erkenntniss ist, als Vereinigung einer empfangenden und einer gestaltenden, einer empfindenden und einer denkenden Kraft, einer Receptivität und einer Spontaneität. Und wenn dieses Subject gedacht wird als das letzte Princip aller Vorstellungen, als dasjenige, zu dem als Vorstellendem alle Vorstellungen als seine Producte gehören, so ist alles dasjenige, was aus einer Aeusserung der beiden an einer „gemeinsamen Wurzel" hängenden Grundkräfte entsteht, Object der Vorstellung. Dieses transscendentale Subject ist schlechterdings eines und in allen Vorstellungen dasselbe; da also, wo eine Empfindung hingestellt wird als Modification eines subjectiven Zustandes, da ist man schon über das transscendentale zu dem empirischen Subject hinausgegangen, da ist das letztere als erstes Glied in einer neuen Welt der Objecte aufgetreten.

Bei der ausserordentlichen Schwierigkeit, welche der sprachliche Ausdruck gerade der Darstellung dieser ganz abstracten Gedanken entgegenstellt, liegt die Gefahr eines Missverständnisses doppelt nahe, und es wird deshalb vielleicht nicht unzweckmässig sein, den Inhalt des Gesagten noch durch ein Beispiel zu erläutern. Die physiologische Optik pflegt von der Betrachtung des Auges als optischen Apparates überzugehen zur Betrachtung desselben als Organes einer psychischen Function, und sie hebt hier mit der Discussion der einfachsten psychischen Aeusserung an, die wir in den Gesichtsvorstellungen kennen, mit der Gesichtsempfindung. Sofern sie dieselbe von jedem gedanklichen Inhalt isolirt, raubt sie ihr zum Zweck der Erleichterung der Untersuchung die Beziehung auf Gegenstände, und für sie existiren alle Empfindungen so, als wenn sie in Wirklichkeit niemals aus subjectiven Erregungen zu Eigenschaften von Dingen würden. Hier erscheinen die Empfindungen nur als Modificationen des empfindenden Subjects; sie werden verursacht gedacht von äusseren Objecten, und das Subject steht mit in der Causalreihe, welche die Gegenstände der sinnlichen Welt verbunden hält. Zweierlei ist hieraus einleuchtend. Einmal können Empfindungen betrachtet, mithin gedacht werden ohne Beziehung auf äussere Gegenstände — es ist ein Unterschied zwischen der Beziehung der Empfindung auf den Gegenstand als dessen Eigenschaft und dem Verhältniss zwischen Gegenstand und Subject nach Wirkung und Gegenwirkung, aus dem die Empfindung hervorgehend gedacht wird, — die Beziehung aber, in die sie dann gebracht werden, die Beziehung auf das empfindende Subject ist von derjenigen auf äussere Gegenstände nur der Richtung nach, nicht der Art nach verschieden, denn das Subject liegt innerhalb der Causalverbindung, an welcher die Welt der Erfahrung abläuft. Daraus erhellt, dass das Subject der Physiologie ein anderes ist als das Subject der Erkenntnisstheorie. Denn vor der letzteren erscheinen die Objecte, welche physiologisch die Zustände des Subjects bedingen, sowie das bestimmbare Subject vielmehr selbst durch ein unbestimmbares, transscendentales Subject und seine — sit venia verbo! — Zustände bedingt; und den Unterschied, der hier vorliegt, wird selbst derjenige nicht wegleugnen können, der sich in der märchenhaften Annahme eines Verhältnisses von Wirkung und Gegenwirkung zwischen den Vorstellungen und ihrem transscendentalen Grunde gefällt. Es erhellt ferner, dass selbst die ausgebildetste Physiologie der Sinnesorgane, welche zugleich eine Physiologie der seelischen Functionen wäre, niemals an Stelle der Erkenntnisstheorie treten, ja dieselbe in ihren Bahnen niemals kreuzen könne, weil das Problem der letzteren an einer Stelle einsetzt, an der alle äussere Erfahrung und damit die Physiologie selbst in Vorstellungsreihen aufgelöst ist.

Diese letztere Einsicht in die sachliche Nothwendigkeit einer Trennung physiologischer von erkenntnisstheoretischen Problemen ist noch heute in naturforschenden Kreisen wenig verbreitet und auch in philosophischen nicht überall durchgedrungen. Während aber aus der Unbekanntschaft des Physiologen mit den Problemen der Erkenntnisstheorie der Physiologie gar kein Schaden erwächst, wird der Philosoph, der diese Unbekanntschaft in übel angebrachter Berufung auf „naturwissenschaftliche Resultate" verräth, der Feind seiner Wissenschaft. Nachdem Classen zuerst Kants transscendentale Aesthetik als durch die moderne Sinnesphysiologie theils fortgebildet, theils überwunden charakterisirt hatte,[1]) während sie in Wahrheit so unberührt dastand, wie vor den Zeiten Joh. Müllers, d. h. durch philosophische Gründe allein erschütterlich, machte er den Versuch, die physiologische Optik auf Kants Theorie der Erfahrung zu gründen.[2]) Im Sinne Kants ist dieses Unternehmen ebenso erfolgreich als dasjenige, die technischen Regeln eines Gewerbes auf Grund seiner Transscendentalphilosophie zu lehren; gewiss giebt die letztere für beide die Bedingungen ihrer Möglichkeit, aber sie ist nur eine Erklärung der Erfahrung überhaupt, nicht irgend einer besonderen Erfahrung, und wenn man der Kantschen Vorschrift eingedenk bleibt, Wissensgebiete nicht zu vermengen, die durch ihre Natur getrennt sind, so hätte man aus der physiologischen Optik Kant fortlassen können, der die Resultate derselben gewiss ebenso sehr bewundert und anerkannt haben würde, als sie die seinigen garnicht berühren. Auch bei Quaebicker

1) Gesammelte Abhandl. über physiol. Optik S. 14.

2) Physiologie des Gesichtssinnes zum ersten Mal begründet auf K.'s Theorie der Erfahrung. Braunschweig 1876.

findet sich die falsche Behauptung, dass „durch die glor-
reichen Entdeckungen der modernen Physiologie der Sinnesorgane" sich Kant würde haben „überzeugen" lassen, dass
die Trennung zwischen Sinnlichkeit und Verstand „überhaupt eine falsche Abstraction ist, dass seine Annahme
einer gedankenlosen Sinnlichkeit in der That eine Ge-
dankenlosigkeit ist."[1]) Zu einer so ausfahrenden Ausdrucksweise liegt um so weniger Grund vor, als, wie ich sogleich
durch Berufung auf Helmholtz zeigen werde, gerade die
Physiologie der Sinne den Gedanken dieser Trennung nahe
legt, wenn sie auch nicht im Stande ist, über ihre factische
Existenz das letzte Wort zu sprechen. Auch Laas bringt
Kants Anschauung in eine ungerechtfertigte Beziehung zu
Resultaten moderner Physiologie. In dem Werk: „Kants
Analogien der Erfahrung" wirft der Verfasser die Frage
auf: „Wie ist es also? Verdanken wir es ‚Begriffen, die
nicht in der Erfahrung liegen,' verdanken wir es ‚reinen
Verstandesbegriffen', dass, so weit wir zurückzudenken vermögen, wir mit jedem Blick, den wir öffneten, die Lichter
und Schatten, die verschiedenen Farbentöne und Farben-
nuancen nach festen Richtungslinien zu einem durch unseren
Kopf gehenden Coordinatensystem, einem ‚imaginären Cy-
klopenauge' oder ‚Raumcentrum' in Beziehung gesetzt fan-
den? dass die optischen Qualitäten jedesmal zu Flächen
und Dingen von fester Grösse und Gestalt in dem Raume
unseres Bewusstseins zusammenrückten? dass Jegliches in
dem Relief, das vor unsern Augen in die Tiefe sich wölbt
und gliedert, eine gewisse Entfernung einnimmt?" Der
Titel des Buches wie die beständige Beschäftigung mit
Kantschen Ansichten lässt vermuthen, dass Kant derjenige
sein solle, der alle die Satzinhalte, die hier in interrogativer
Form auftreten, in kategorischer hingestellt habe. Zu
dieser Annahme lässt sich aus Kants Werken nicht der
mindeste Grund ableiten. Die Kritik der reinen Vernunft

1) Kritisch-philosophische Untersuchungen. Heft I S. 12 u. 13.

wie alle mit ihr in Zusammenhang stehenden Schriften enthalten auch nicht eine Andeutung ähnlicher Behauptungen, vielmehr wird wieder und wieder eingeschärft, dass, während zwar die Form der Raumanschauung ebenso a priori gegeben sei, wie die Beziehung der Empfindung auf einen Gegenstand überhaupt, doch alle „objectiven Determinationen" räumlicher Verhältnisse nur durch Erfahrung gegeben seien. Wenn wir also auf die oben citirte Frage die Antwort erhalten: „So finden wir in Beziehung auf die objectiven Determinationen räumlicher Verhältnisse durchweg einen anderen Krystallisationskern als ‚reine Verstandesbegriffe': wir finden die unmittelbaren Localisationen der Tast- und Muskelgefühle etc. etc.," so wird die Frage nach der Bedeutung der Kategorien, insbesondere der Kantscheu, dadurch gar nicht berührt.

Im Uebrigen sei bemerkt, dass es mit dem „so finden wir" nicht so gar glänzend bestellt ist. Alles, was über den Zusammenhang von Tast- und Muskelgefühlen mit den Dimensionen und der Lage äusserer Objecte angenommen wird, ist Theorie, ist Hypothese, und die Grundanschauungen dieser Theorien stehen mit der Annahme der Kategorien als „Gegenstand setzenden" Verstandesfunctionen so wenig im Widerspruch, dass sie dieselbe vielmehr gar nicht berühren. Durch Tast- und Muskelgefühle ist niemals erklärlich, dass Empfindungen überhaupt ihren Gegenstand erhalten — und nur dieses ist das Problem der Kategorien — nur die empirischen Merkmale des Gegenstandes können vielleicht daraus gesetzmässig abgeleitet werden.

Wie wohl verträglich die Annahme der Kategorien als Grund aller Objectivation mit den Forschungen der Sinnesphysiologie ist, mögen folgende Auslassungen von Helmholtz als des Meisters der letzteren Wissenschaft beweisen (Handbuch d. physiol. Optik):

S. 453. „Besinnen wir uns aber über den Grund dieses Verfahrens, so ist es klar, dass wir aus der Welt der Empfindungen zu der Vorstellung von einer

Aussenwelt niemals kommen können, als durch
einen Schluss von der wechselnden Empfindung auf
äussere Objecte als die Ursachen dieses Wechsels;
wenn wir auch, nachdem die Vorstellung der
äusseren Objecte einmal gebildet ist, nicht mehr
beachten, wie wir zu dieser Vorstellung gekommen
sind."

S. 455. „Ebenso wie es die eigenthümliche Thätigkeit
unseres Auges ist, Lichtempfindungen zu haben,
und wir deshalb die Welt nur sehen können als
Lichterscheinung, so ist es die eigenthümliche
Thätigkeit unseres Verstandes, allgemeine Begriffe
zu bilden, d. h. Ursachen zu suchen."[1]

Die ausschliessliche Berücksichtigung der Causalität
aus der Reihe der Kategorien, in der wir wol den Einfluss
Schopenhauers erkennen,[2] soll später noch eingehender
erörtert werden. Gewiss ist nicht nur die Zulässigkeit,
sondern die Nothwendigkeit der Verstandesthätigkeit und
damit der Kategorie zur Bildung der Einzelvorstellung in gerechter Schärfe hervorgehoben und zugleich die Unersetz-
lichkeit derselben durch die Annahme irgend einer psychologischen Combination von Empfindungen oder Gefühlen
betont. Auch Wundt, bei dem das Problem der Kategorien
durch den ganz verunglückten Versuch, der Kategorie einen
psychologischen Ursprung zu geben, verstümmelt erscheint,
erkennt die „secundäre" Bedeutung der Kategorie für die
Bildung der gegenständlichen Vorstellungen.[3]

Wenn nun die Erkenntnisstheorie in der Kategorie das
Princip jeder Objectivation kennen lernt, so ersteht ihr
zugleich die Einsicht, dass der Unterschied zwischen Empfindungen, als Eigenschaften äusserer Objecte und Empfindungen, als Modificationen des Subjects in erster Instanz

---

1) Vgl. Aubert, Physiologie der Netzhaut S. 12 f.
2) Vgl. Zoellner, Natur der Kometen S. 344 f.
3) Grundzüge der physiol. Psychologie S. 465 u. 675 ff.

vor ihr zusammenbreche, sofern das einer Modification fähige
Subject selbst in die Reihe der Objecte, die Modification
in die Reihe der Eigenschaften fällt. Damit führt das
Problem der Kategorien über zu der zweiten Frage: nach
den einzelnen ursprünglichen Denkmomenten, die in der
Objectivirung der Empfindung zum Ausdruck kommen, nach
der Art und Zahl der einzelnen Verstandesacte, durch die
aus Empfindungen Anschauungen oder Einzelvorstellungen
werden können. Während uns die Kritik der reinen Vernunft über Kants Verhältniss zu der erst erörterten Frage:
worin der Grund der Objectivirung überhaupt zu suchen
sei, vollkommenen und eindeutigen Aufschluss gab, lässt
sie uns bei der Frage, deren Discussion wir uns jetzt zuwenden, ganz im Stich. Vielleicht dass eine genaue phi-
lologische, auf diesen Punkt gerichtete Durchforschung der
Kantschen Werke zerstreute Bemerkungen ausfindig machen
würde über die Natur der einfachsten Denkhandlungen, über
die Reihenfolge und Combination derselben, wie sie zur
Umformung des Empfindungsmaterials in die Reihe der
Einzelvorstellungen erforderlich sind; irgend zusammenhän-
gendere Auslassungen oder gar eine durchgeführte Untersuchung dieses Gegenstandes findet sich bei Kant nicht.
Vielleicht ist dieses mit der Grund dafür gewesen, dass
auch die nachkantische Philosophie in ihrer Anlehnung an
Kant gerade diesen Theil des Kategorienproblems unbearbeitet gelassen hat: nirgend finden wir eine sorgfältige
Zergliederung der Momente, welche in der Anschauung, in
der Einzelvorstellung zur Empfindung hinzutreten; man ist
darin einig, dass die Empfindung ihren Gegenstand durch
die Kategorie erhalte, aber es fehlt jede bestimmtere Angabe über den eigentlichen Mechanismus der Objectivation.
Diese Untersuchung konnte da übergangen werden, wo es
nur auf Umrisse in der Durchführung eines erkenntnisstheoretischen Princips, auf die grossen Contouren eines metaphysischen Systems ankam, und die deutsche Speculation
hat sich in dem Ringen um die letzten Fragen der Philo-

sophie stets angelegen sein lassen, die vermeinte definitive
Lösung als Beherrscherin des menschlichen Denkens in
allen seinen Gebieten, praktischen wie theoretischen, zu
erweisen. Bei der Riesenanlage solcher Unternehmungen
gen bleibt in dem Leben des Einzelnen nicht die Zeit
zu der Detailforschung begrenzter Probleme. Dagegen
hätte sich die Analysirung der Anschauung denjenigen
aufdrängen müssen, welche in der Darstellung der Kantschen Lehren hier eine Leere gewahrten; aber selbst
in dem ausgezeichneten Werke Riehls finde ich dieselbe
Lücke wie bei Kant. Lotzes Logik macht auch hier eine
Ausnahme, indem sie in ihrem ersten Theil eine Reihe
werthvoller und höchst scharfsinniger Erörterungen der
ersten Erkenntnissacte bringt, welche wol der Abrundung
zu einer geschlossenen Theorie bedürfen, aber schon in
der jetzigen Form die wesentlichen Gesichtspunkte bezeichnen, die Anleitung zu weiteren Forschungen geben.
Ehe ich daran gehe, im Anschluss an die Ausführungen
Lotzes die Grundzüge dieses Theils der Kategorienlehre
zu entwerfen, so weit dieselben in den Rahmen dieser
Untersuchung gehören, habe ich das Verfahren zurückzuweisen, durch das Schopenhauer den hier zu lösenden
Knoten durchhauen, indem er die Zahl der Kategorien auf
eine einzige reducirte.

Es heisst darüber in der vierfachen Wurzel des Satzes
vom zureichenden Grunde, 3. Aufl. S. 52:

„Erst wenn der Verstand in Thätigkeit geräth
und seine einzige und alleinige Form, das Gesetz der
Causalität, in Anwendung bringt, geht eine mächtige
Verwandlung vor, indem aus der subjectiven Empfindung die objective Anschauung wird. Er nämlich
fasst, vermöge seiner selbsteigenen Form, also a priori,
d. i. vor aller Erfahrung (denn diese ist bis dahin
noch nicht möglich) die gegebene Empfindung des
Leibes als eine Wirkung auf (ein Wort, welches er
allein versteht), die als solche nothwendig eine Ur-

sache haben muss. Zugleich nimmt er die ebenfalls im Intellect, d. i. im Gehirn, prädisponirt liegende Form des äusseren Sinnes zu Hilfe, den Raum, um jene Ursache ausserhalb des Organismus zu verlegen." Hier haben wir ein Gemisch von Physiologie und Erkenntnisstheorie, wie wir es in dem Kopfe eines eben erst aus dem Schlafe des gesunden Menschenverstandes erwachenden Jüngers der empirischen Wissenschaft nicht vollendeter haben können. Ich sehe von der beständig bei Schopenhauer wiederkehrenden Identification von Intellect und Gehirn ab, welche fälschlich auch der apriorischen Raumanschauung eine Stelle im Gehirn giebt, während doch vielmehr das Gehirn eine Stelle in dem Anschauungsraum der empirischen Objecte, und zwar eine sehr winzige, einnimmt; ich sehe davon ab, dass in Wahrheit keineswegs die Ursachen aller Empfindungen ausserhalb des Subjects gesucht werden, dass die „subjectiven Empfindungen" der Physiologie keine Objectivation ausserhalb des Organismus erfahren; ich sehe davon ab, dass in den Ausdrücken „gegebene Empfindung des Leibes" und Verlegung ausserhalb des Organismus" die oben gerügte Verwechselung zwischen empirischem und transscendentalem Subject ihren lebendigen Ausdruck erhält, — ich betone hier nur, dass die Hinstellung der Causalität „als einziger und alleiniger Form des Verstandes" auf einer mangelhaften erkenntnisstheoretischen Einsicht beruht. Es ist bereits früher darauf aufmerksam gemacht worden, dass ich mir eine Empfindung, z. B. die einer Farbe, wol vorstellig machen kann, ohne dieselbe einem Object als Eigenschaft beizulegen. Nicht nur die Vorstellung des „Blau" überhaupt, sondern auch die eines bestimmten, eben erst in der Empfindung percipirten Blau kann ich zu jeder Zeit meinem geistigen Auge vorführen, ohne ihr deshalb einen Gegenstand zu geben. Dies geschieht z. B. bei der physiologischen Betrachtung der einzelnen Farbenempfindungen, wo dieselben, sofern sie Object der Untersuchung sind und in Reihen gedanklicher Verbindungen aufgenommen werden sollen, nicht nur empfunden, sondern als empfundene auch auf irgend eine Art gedanklich zubereitet

in die Reihe der Vorstellungen eingetreten sein müssen. Es
ist sogar fraglich, ob die Empfindungen hier nothwendig als
Modificationen des Subjects gefasst werden, oder ob ihnen
nicht vielmehr eine Art von Realität vindicirt wird, die zwischen
logischem und metaphysischem Sein etwa die Mitte hält und
vielleicht der ersten Stufe der Objectivation Lotzes entsprechen
würde. Jedenfalls erscheinen die Empfindungen noch nicht
als auf ihre Ursache bezogen, denn dass dieselben vom Verstande nicht im Subject gesucht werden, als dessen Modificationen sie vorläufig nur gefasst waren, beweist der Umstand,
dass eben dieselben Empfindungen, die vorher noch keine
Beziehung auf ein äusseres Object hatten, zu Eigenschaften
der Gegenstände werden, welche die Lehre von den Gesichts-
wahrnehmungen zu behandeln hat. Hieraus geht hervor, dass
gewisse Arten der Objectivation der Empfindung durch die
Causalität unerklärbar, von Schopenhauer nicht erklärt sind,
dass schon allein deshalb die Causalität nicht die „einzige und
alleinige Form des Verstandes" sein könne. Es ist aber überdies hervorzuheben, dass die Anwendung der Kategorie der
Causalität selbst nicht denkbar ist ohne gleichzeitige Anwendung mindestens zweier anderer Kategorien. Im Paragraph
24 derselben Schrift, der die Ueberschrift trägt: „vom Miss-
brauch des Gesetzes der Causalität" heisst es:

> „unserer bisherigen Auseinandersetzung zufolge begeht
> man einen solchen (Missbrauch), so oft man das Ge-
> setz der Causalität auf etwas Anderes als auf Ver-
> änderungen in der uns empirisch gegebenen, ma-
> teriellen Welt anwendet, z. B. auf die Naturkräfte,
> vermöge welcher solche Veränderungen überhaupt erst
> möglich sind . . . Der Ursprung solches Missbrauchs
> ist allemal theils, dass man den Begriff der Ursache
> wie unzählige andere in der Metaphysik und Moral
> viel zu weit fasst, theils . . ."

Es ist, als ob hier Schopenhauer sich selbst gerichtet
hätte. Ich frage, worauf wird denn die Kategorie der Causalität angewendet? Doch nicht auf die Empfindung, sofern sie

empfunden wird, sondern auf den Inhalt derselben, sofern er als percipirt vorgestellt ist. Heisst es doch bei Schopenhauer: „Der Verstand fasst die gegebene Empfindung als Wirkung auf." Dies kann er nicht, sofern dieselbe nur empfunden ist, sondern er kann es erst dann, wenn dieselbe bereits diejenige Form angenommen hat, in der sie einer Beurtheilung des Verstandes überhaupt zugänglich wird, d. i. wenn dieselbe irgend eine Art der Objectivirung erfahren. Damit der Verstand die Empfindung als Wirkung fasse, muss der Schritt von der Empfindung zur Vorstellung des Empfindungsinhaltes bereits gemacht sein. Weiter lesen wir bei Schopenhauer: „Die Causalität dürfe nur angewendet werden auf Veränderungen." Wenn man nicht annehmen will, dass dieselbe Kategorie in ihrem „unmittelbaren" (S. 53 ders. Schrift) Gebrauch andere Regeln befolge, als im „mittelbaren", so gilt diese Vorschrift auch bei der Verwerthung der Causalität zur Bildung der Einzelvorstellung oder Anschauung. Wie complicirte Mechanismen der Erkenntniss sind aber schon da in Thätigkeit getreten, wo eine Vorstellung als Veränderung einer anderen gefasst wird. Da müssen schon zwei Vorstellungen als verschieden erkannt und doch als an einer gemeinsamen haftend gedacht werden: und wie die Causalität diese Leistung vollziehen könne, bleibt unerklärt und unerklärlich, da ihr Werk, wie Schopenhauer richtig bemerkt, erst da anhebt, wo die Vorstellung der Veränderung bereits entwickelt ist.

Deshalb war Schopenhauers wilde Polemik gegen Kants Kategorienlehre nicht nur der Art nach ungehörig, sie war durch die Sache ganz und gar nicht gerechtfertigt. Wenn bei Kant Lücken in der Lösung des Problems der Kategorien bleiben, so ist dasselbe bei Schopenhauer gar nicht erfasst: und leider steht es mit allen „Ueberwindungen" dieses Problems ebenso. Je tiefer die Einsicht in dasselbe ist, um so mehr Schwierigkeiten setzt es auch der grössten geistigen Fähigkeit entgegen — eine Eigenthümlichkeit, die es wol mit allen letzten Problemen aller Wissenschaften theilt. In der Geschichte des wissenschaftlichen Geistes wird es stets eine charakteristische und denkwürdige Thatsache bleiben, dass die Naturforschung sich dieses mangelhaftesten Theiles der Schopenhauerschen Lehre mit Eifer und Zustimmung annahm, während sie der glänzenden Ausführung der Weltanschauung des transscendentalen Idealismus ihr Ohr verschloss.

Die Frage nach den einzelnen Verstandesacten, die in der Bildung der Anschauung zum Ausdruck kommen, tritt nun, wie oben bemerkt, fast unvorbereitet und ohne historischen Anhalt in die Discussion des Kategorienproblems ein. Vielleicht hat die ganz abstracte Natur dieses Gegenstandes und die Schwierigkeit, ihn sicher zu fassen, viel zu seiner Vernachlässigung beigetragen. Es kann hier die Absicht nicht sein, die vorhandene Lücke durch eine vollständige Untersuchung auszufüllen: für die Beurtheilung der metaphysischen Deduction kommt es nur darauf an festzustellen, dass in der Objectivirung der Empfindung in der That mehrere Denkacte zu vollziehen, dass mehrere Kategorien darin wirksam seien. So sehr eine Theorie der Anschauung ausserhalb der Grenzen unseres Themas liegt, so unumgänglich nothwendig ist für das Princip der Deduction die Fixirung der Thatsache, dass die Objectivirung der Empfindung kein einfacher Verstandesact sei. Alle Versuche, dieselbe als solchen zu erweisen, haben ihre Einseitigkeit in der Unvollkommenheit der durch sie gelieferten Erklärungen bewiesen.

Wenn das eigentliche Wesen der Objectivirung in Setzung eines Inhaltes besteht, in der Ausstattung desselben mit dem Prädicate irgend eines Seins, so gehört als nothwendiges Gegenstück dazu die Trennung desselben von allen anderen Inhalten; jeder dieser psychischen Acte ist nur in dem andern, nur durch den andern denkbar. Da wo ich die erste Empfindung aus der Menge meiner Empfindungen heraushebe, sie als ein eigenartig Bestehendes vor mich hinstelle, da ist dieselbe zugleich zu allen anderen Empfindungen in Gegensatz getreten: sie ist von der „reinen“ Empfindung zur Vorstellung der Empfindung geworden, sie hat mithin ein Merkmal erhalten, für das sich in dem

ganzen Umkreise meiner Empfindungen kein Analogon findet. Aber nicht nur in diesem Sinne erfolgt die Trennung
der Empfindungsinhalte in der Objectivirung der Empfindung; nicht nur dass ich die vorgestellte Empfindung durch
das Prädicat der Existenz abtrenne von denjenigen, die
nur als empfunden, nicht als vorgestellt in meinem Bewusstsein vorhanden waren, die also noch keine gegenständliche
Existenz haben, ich trenne sie zugleich ab von anderen
Existenzen. In dem Augenblick, in dem eine einzelne Empfindung sich dem Elementarbegriff des Seins verbindet, in
demselben Augenblick ist derselbe Process an anderen Empfindungen oder wenigstens an der Summe aller anderen
Empfindungen vollzogen. Die objectivirte Empfindung des
„Grünen" hat eine gesonderte Existenz erhalten neben der
Empfindung des „Blauen", „Rothen", oder sie ist der Gesammtheit meiner Empfindungen als ein Wesen eigener
Art gegenübergetreten, wobei dann aber diese Gesammtheit als solche im Gegensatz zur Empfindung des „Grünen"
zu einer Existenz geworden ist. Ich kann keinen einzelnen
Empfindungsinhalt objectiv machen, ohne zugleich festzu-
setzen, dass in der Gesammtheit meiner übrigen Empfindungen dieser eine Inhalt fehle, ohne also diese Gesammtheit von der einzelnen Empfindung als ein für sich Seiendes
abzuscheiden. Dabei ist es gleichgiltig, ob ich eine, zwei
oder irgend eine endliche Anzahl der Empfindungen gleichzeitig in Vorstellungen umwandle, in allen Fällen treten
diese unter einander sowie zusammen gegen die Menge
der nicht objectivirten Empfindungen in den Gegensatz getrennter Existenzen. Nur diese zweite Art der Trennung,
die Trennung der Existenzen, vollzieht sich in dem Acte
der Objectivirung; die Trennung der einzelnen Existenz von
der Menge des nur Empfundenen, deren zuerst Erwähnung
geschah, kann sich in der Reflexion auf den Process meiner
Erkenntniss vollziehen, in diesem Process selbst vollzieht
sie sich nicht. Denn der Verstand kann nur da trennen, wo
die zu trennenden Inhalte schon Object geworden sind; das,

was nur empfunden ist, ist niemals Gegenstand seiner Operationen. Daraus erhellt, wie die Setzung jedes Inhaltes die unverbrüchliche Bedingung für seine Trennung von anderen ist, wie in der Trennung diese anderen selbst zu objectivirten werden, und während der Verstand nur Inhalte trennen kann, die er objectivirt, so ist diese Objectivation nur ausführbar durch Trennung der Inhalte.

Hieran schliesst sich eine nahe liegende Frage, ob nämlich immer mindestens zwei Empfindungen im Bewusstsein existiren müssen, ehe die Objectivirung einer einzelnen vorgenommen werden könne, ob also die erste Empfindung nothwendig auf den Eintritt der zweiten warten müsse, ehe sie eine Existenz im Gedanken erhält. Ich sehe hier von der psychologischen Seite der Frage ab, ob der Eintritt einer einzelnen Empfindung ins Bewusstsein jemals Wirklichkeit werden kann; hier handelt es sich um die Feststellung einer Beziehung zur Empfindung, die im Wesen des Verstandes, nicht in seiner factischen Ausübung liegt. Wenn in der That alle Objectivirung Trennung ist, wenn ferner Empfindungen der Stoff sind, an dem sich alle Thätigkeitsäusserungen des Verstandes vollziehen, dann scheinen zwei Empfindungen mindestens nothwendig, um die Functionen des Verstandes sich bethätigen zu lassen. Mit Rücksicht auf frühere Auseinandersetzungen möchte ich mich dieser Anschauung anschliessen. In dem ganzen Bereiche unserer inneren und äusseren Erfahrung vollziehen sich die Acte der Objectivirung an einer Mehrheit von Empfindungen, und es eröffnet sich hier von Neuem die Einsicht in die Richtigkeit der früher aufgestellten Behauptung, dass die Trennung zwischen der Empfindung als Modification des Subjects und der Empfindung als Eigenschaft des Objects vor dem Forum der Erkenntnisstheorie werthlos sei. Sofern ich eine einzelne Empfindung auffasse als eine Art, „wie mir zu Muthe ist," trenne ich sie zugleich ab von anderen Arten des „zu Muthe Seins", ich kann den Zustand beim Eintritt einer bestimmten Empfindung nicht als „Art" meines Zustandes im Allgemeinen betrachten, ohne mir denselben im nächstvorhergehenden oder in einem früheren Augenblick gegenwärtig zu machen.· Man darf hiergegen nicht einwenden, dass ich der einzelnen Empfindung eine Existenz geben könne gegenüber dem Subject, zu dem sie als Modification gehört. Dieses Subject wird immer erst in der objectivirten Empfindung gegeben, sofern es das empirische, nicht das transscendentale ist; eine Art der Objectivation der Empfindung muss bereits vollzogen sein, damit das empirische Subject überhaupt in der Reihe der Objecte existire, und diese Objectivation setzt wiederum voraus, dass zwei Empfindungen als verschiedene erkannt einen gemeinsamen Gegenstand erhalten haben, zu dem sie als Modificationen gehören. Ich fürchte nicht der Anschuldigung zu begegnen, dass dadurch die Möglichkeit einer objectiven Gegenüberstellung einer einzelnen Empfindung und eines einzelnen Verstandesinhaltes, z. B. auch der Vorstellung des transscendentalen „Ich", geleugnet sei. Dass der Verstand da, wo er, mitten im Gefüge der Erkenntniss stehend, auf sich selbst reflectirt, diese gegenständliche Unterscheidung machen könne, wie jede beliebige andere zwischen irgend zwei sinnlichen oder nicht sinnlichen Vorstellungen, des ist die innere Erfahrung jedes Einzelnen Zeuge. Nur in dem Beginn des Erkenntnissbaues darf die bewusste Unterscheidung zwischen dem Inhalt der Empfindung und dem der apriorischen Vorstellung nicht zugestanden werden, weil dies die Annahme einer besonderen Art der Erkenntniss der Inhalte apriorischer Vorstellungen erfordern würde, während unsere Erkenntniss vielmehr von der Art ist, dass die apriorischen Elemente, obwol beständig in ihr wirksam, erst aus ihrem fertigen Gewande durch Abstraction erschlossen werden können.

Die Reciprocität zwischen Setzung eines Empfindungsinhaltes und Abtrennung desselben von anderen ist von Lotze in grosser Präcision ausgesprochen:

„Ich habe durch diese letzte Wendung zugleich fühlbar machen wollen, in wie enger Verbindung jene bejahende Setzung des Inhalts mit der verneinenden Ausschliessung jedes andern steht. Sie ist so eng,

dass eben zur Bezeichnung des einfachen Sinnes der
Setzung uns nur Ausdrücke zu Gebote stehen, die
ihre volle Klarheit erst durch Hinzufügung dieses
zweiten Nebengedankens erhalten. Denn was mit jener
Einheit des gesetzten Inhalts eigentlich gemeint war,
interpretiren wir einleuchtend nur dadurch, dass wir
seine Verschiedenheit von anderen hervorheben und
nicht nur sagen, er sei was er sei, sondern auch, er
sei nicht, was andere sind. Jene Bejahung und diese
Verneinung sind nur ein untrennbarer Gedanke, und
untrennbar verbunden begleiten sie jeden unserer Vor-
stellungsinhalte auch dann, wenn wir nicht mit aus-
drücklicher Aufmerksamkeit dies stillschweigend ver-
neinte Andere verfolgen."

Ich habe dem nur hinzuzufügen, dass in der Setzung
des Inhalts das Ausgeschlossene zugleich mitgesetzt werde,
seine Existenz erhalte.

Schon vor Lotze finden wir die Einsicht in die Bedeutung der unterscheidenden Thätigkeit des Verstandes
in verworrenerer oder klarerer Form. Fichtes Unterschiedsetzung zwischen dem Ich und Nicht-Ich muss in ihrer
Ausführung als eine ganz misslungene bezeichnet werden;
aber das Princip derselben ruht auf dem Gedanken, dass
der erste Anfang aller Erkenntniss nur im Unterschiede gegeben werden könne. Dieses Princip wird weiterhin dadurch fehlerhaft, dass die Erkenntniss der Zusammengehörigkeit von „Setzung des Inhalts" und „Ausschliessung jedes
andern" vollkommen fehlt, sofern das Ich in erster Linie
sein eigenes Sein (damit den Satz der Identität) setzt, um
erst in einem zweitem Acte die Position des Nicht-Ich zu
schaffen.

Auch die Bedeutung, welche Weisse [1] dem unendlichen Urtheil als erstem und allgemeinstem Denkprocess

---

1) Fichte und Ulrici. Zeitschrift für Philosophie, Bd. XXIV.
S. 223 bis 254.

für die Constitution jeder Erkenntniss gegeben hat, rührt
daher, dass er in demselben die Setzung eines einzelnen
Inhalts mit Ausschluss jedes andern am vollkommensten
ausgedrückt fand. Während auch hier das erkenntnisstheoretische Fundament wol begründet ist, während die
Nothwendigkeit der Unterscheidung' zweier Inhalte schon
für den elementaren Erkenntnissact richtig erkannt ist, so
muss die Lösung des Problems doch als ungenügend zurück-
gewiesen werden. Denn wenn schon das unendliche Urtheil überhaupt als ein „Kunststück der Logik, ähnlich den
Zwitterformen von Pflanzen, welche die Gartenkunst bildet", [1]) als ein „spitzfindig erdachter Lückenbüsser", [2]) als
„ein widersinniges Erzeugniss des Schulwitzes", [3]) als „eine
Grille der Wissenschaft" [4]) nicht sonderlich geeignet war,
zum Princip aller Erkenntniss erhoben zu werden, so war
es ganz fehlerhaft, den ersten Act der Objectivirung zu
einem Acte des Urtheils zu machen, und hier war derselbe
Irrthum begangen, der heute nur zu häufig durch den nicht
zweckmässigen Ausdruck des unbewussten Schlusses her-
vorgerufen wird.

Am weitesten ist die Bedeutung der „unterscheidenden
Denkthätigkeit" von Ulrici gefasst worden; jedoch haben
wir es hier mit einer so übertriebenen und einseitigen Auffassung zu thun, dass sich dieselbe Schopenhauers „Miss-
brauch des Causalgesetzes" würdig an die Seite stellt. Es
heisst darüber:

„All' unser Denken, Wahrnehmen, Anschauen,
Vorstellen, Begreifen, Erkennen, Wissen, ja selbst
unser Empfinden und Fühlen beruht auf der unterscheidenden Thätigkeit des Geistes; sie ist die
Grundthätigkeit in theoretischer wie praktischer Be-

---

1) Trendelenburg. Logische Untersuch. II. S. 184.
2) Schopenhauer. Welt als Wille und Vorstellung, 2. Ausg. I,
S. 514.
3) Lotze. Logik. S. 61.
4) Ebenda, S 62.

ziehung, weil in ihr allein die Möglichkeit des Bewusstseins beruht, ohne welches das Denken nicht Denken, der Geist nicht Geist ist. Bewusstsein ist selbst nichts Anderes als die unterscheidende Thätigkeit des Denkens oder, wenn man will, zunächst des Empfindens, Fühlens, Wahrnehmens etc., durch welche es den Gedanken, die Empfindung (das Gedachte, Empfundene) in sich selbst von sich unterscheidet."[1])

Die Vermischung des psychologischen Bewusstseins mit dem Selbstbewusstsein des denkenden Wesens, von denen das erstere ganz unabhängig von allem Denken als psychisches Factum von vorne herein entsteht und existirt, während das letztere sich nur an der Hand apriorischer Vorstellungen, durch mannigfache innere Erfahrungen, in späteren Stadien der Entwickelung herausbildet, ist Ursache so abenteuerlicher Behauptungen als derjenigen, dass unser Empfinden auf der unterscheidenden Thätigkeit der Geistes beruhe, während die Empfindung gerade als ein specifisches, von geistiger Thätigkeit gegensätzlich unterschiedenes Moment unseres psychischen Lebens zu charakterisiren ist. Weiter fliesst daraus, dass das Wesen der ersten Objectivation der Empfindung zur Vorstellung unrichtig aufgefasst ist. Nicht der Gegensatz zwischen Gedachtem und Denken ist das eigenthümliche Resultat der Objectivirung: erst sehr viel später entwickelt sich das Bewusstsein dieses Gegensatzes an einer Reihe fertiger objectivirter Vorstellungen, die „philosophische Besonnenheit" erscheint dann in ihren ersten Spuren. Aber lange vorher ist eine Welt von Objecten ganz fertig durch die Kraft des Verstandes geschaffen worden: nicht sowol der Unterschied zwischen Denken und Gedachtem, als vielmehr der zwischen zwei Inhalten des Denkens oder einem Gedachten und einem andern war das organisatorische Princip dieser Welt; und

---

[1]) Fichte und Ulrici. Zeitschrift für Philosophie, Bd. XIX, S. 120. Vergl. auch Ulrici, Logik, S. 59 ff.

zwar kennt das naive Bewusstsein den Unterschied der Inhalte
nicht als den eines Gedachten von einem andern, worin allerdings eine Beziehung auf ein gemeinsames Denken läge, sondern nur als den Unterschied von Existenzen, deren metaphysischer Werth erst in einer weit entwickelten Erkenntniss
festgestellt wird.

Bei Lotze erscheint nun neben der setzenden und vergleichenden Denkthätigkeit in der Objectivirung der Empfindung als dritte und als vorzüglich betonte die vergleichende.
Die Vergleichung der Empfindungs-Inhalte, die Bestimmung
der Unterschiede des einzelnen Inhaltes von anderen, die Erkenntniss des Gemeinsamen in ihnen, die Unterordnung derselben unter einen allgemeinen Gesichtspunkt sind die Functionen
dieses dritten Actes, die Bildung des „ersten Allgemeinen" ist
die Resultante dieser Functionen. Damit begrenzt sich die
Leistung der Objectivation der Empfindung im Ganzen dahin:
sie ist „nicht blos Setzung überhaupt des a oder b, nicht blos
Unterscheidung überhaupt jedes a von jedem b, sondern zugleich Bestimmung der Weite und der Eigenthümlichkeit des
Unterschiedes, der nicht überall gleich gross und gleich ge-
artet, sondern zwischen b und c ein anderer ist, als zwischen
a und b. Und hiermit meine ich nicht, dass jede einzelne
Vorstellung a von der entwickelten Vorstellung aller ihrer Beziehungen zu der unendlichen Anzahl aller übrigen begleitet
werden müsse; nur der allgemeine Nebengedanke, dass jede
nach allen Seiten hin in ein solches Netz von Beziehungen
eingefangen ist, umgiebt allerdings in unserm logischen Bewusstsein jede." (S. 29.) Diesen Ausführungen Lotzes kann
ich mich nicht ohne Weiteres anschliessen. Zunächst halte
ich die exclusive Stellung, welche der vergleichenden Denkthätigkeit hier neben und über der setzenden und unterscheidenden eingeräumt wird, nicht für berechtigt. Während
die Durchdringung der Setzung des einzelnen Inhaltes mit der
Ausschliessung jedes andern in der Bildung der Vorstellung
ausdrücklich hervorgehoben und die Trennung dieser beiden
Momente als eine nur begriffliche, nicht im Process der Er-

kenntniss selbst sich vollziehende betont wurde, scheint die Vergleichung von einer Art höherer Selbstständigkeit gedacht zu sein, insofern sie wol der Setzung und Unterscheidung als präparatorischer Acte bedarf, nach deren Ausführung aber selbstständig einen Schritt weiter in die Erkenntniss führe. Dieses ist, wie ich glaube, nur dann richtig, wenn die Vergleichung bereits in dem Sinne eines so viel höheren Erkenntnissactes gefasst wird — wie dies von Lotze auch geschieht — dass sie nicht mehr in die Reihe der zur elementaren Objectivation gehörigen gezählt werden darf, sondern erst in einem späteren Theil der Erkenntnisstheorie oder Logik ihre Erwähnung verdient. Ich verkenne nicht den Unterschied, der zwischen der Bildung des „ersten Allgemeinen" und derjenigen des Begriffs besteht, und sehe denselben darin, dass im einen Falle der Inhalt der Empfindung, im andern der einer begrifflich zubereiteten Vorstellung, der fertigen Einzelvorstellung oder des Begriffs selbst, das Material der geistigen Operation ist. Aber diese Operation selbst ist dieselbe, ist die Urtheilsbildung; und sofern man sich nicht der Annahme einer unbewussten Urtheilsbildung anheimgeben will, womit man den von Lotze in grosser Schärfe gemachten Unterschied zwischen psychologischer und logischer Vorstellungsverbindung einreisst, so liegt hier eine Verstandesthätigkeit vor, die nicht zu den elementaren gerechnet werden darf, wenn auch vielleicht der Ertrag, den sie liefert, auf einer niedrigeren Stufe der logischen Entwickelung steht, als diese Thätigkeit selbst. In der Bildung der Begriffe und der Urtheile haben wir ein Analogon dazu. Es ist ziemlich allgemein zugestanden, dass Begriffe durch Urtheile, Urtheile durch Schlüsse gebildet werden, wiewol wir im Urtheil eine Potenzirung des logischen Geistes über den Begriff hinaus, ebenso wie im Schluss eine höhere geistige Potenz als im Urtheil erkennen. Trotzdem hält die Logik die alte Reihenfolge der Behandlung, Begriff, Urtheil, Schluss, aufrecht und thut dieses mit dem Rechte einer demonstrativen Wissenschaft, die vom Einfachen zum Zusammengesetzten aufsteigt. Eben dieses Princip muss auch da in An-

wendung kommen, wo man das Gefüge der menschlichen Erkenntniss von den ersten einfachen Bausteinen bis zu allen
Einzelheiten der „Architektonik" gleichsam von Neuem erstehen lassen will: weil ein complicirtes Bauwerk in seiner
Spitze mit einem einfachen Steine abschliessen kann, wird
man nicht den ganzen Bau zu der elementaren Bedeutung
dieses einen Steines herabwürdigen wollen. Die Baulehre des
menschlichen Geistes forscht nicht, ob auf der Spitze der
Pyramide, die wir Erkenntniss heissen, ein Sandkorn oder die
enthüllte Form der Wahrheit stehe, sie forscht, aus wie viel
Steinen der Bau bestehe, und nach welchen Gesetzen diese
verbunden seien. Es scheint mir vollkommen gleichgiltig, ob
das erste Allgemeine, ob ein Begriff, ob die Summe aller Erkenntniss das Resultat einer Urtheilsbildung sei, die Erkenntnisstheorie fragt nur nach dem Mechanismus des Processes, der
hier in Ausübung kommt, und dieser kann in allen drei Fällen
gleich zusammengesetzt sein. Auch entsteht ein verhängniss-
voller Zirkel, wenn man das Urtheil als Bildungsmittel derjenigen Elemente gelten lässt, aus denen es sich selbst zu-
sammensetzen soll.

Dass in der That das Urtheil das Werkzeug zur Bildung des ersten Allgemeinen sei, wird auch von Lotze in
den Worten zugestanden: „Ein Urtheil, a sei stärker als b,
ist als Urtheil freilich eine logische Arbeit; aber der Inhalt, den es ausspricht, also die Thatsache selbst, dass es
überhaupt Gradunterschiede der Vorstellungen giebt, sowie
die besondere, dass der Grad des a den des b übersteige,
kann nur erlebt, empfunden oder als Bestandtheil unserer
inneren Erfahrung anerkannt werden." (S. 32.) Hier ist
das Urtheil als integrirender Theil der Vergleichung anerkannt, und damit ist diese in der Bedeutung, die ihr Lotze
giebt, aus dem Bande der einfach objectivirenden Erkenntnissprocesse ausgeschlossen. Mit der letztangeführten Stelle
kann ich die folgende ihrem Inhalte nach nicht vereinigen:
„So ist dies erste Allgemeine kein Erzeugniss des Denkens,
sondern ein von ihm vorgefundener Inhalt." (S. 30.) In

demselben Sinne wie alle Erfahrung ist sie ein Erzeugniss
des Denkens, ebenso wie diese nicht durch „Selbstbewegung
des Gedankens" herstellbar, sondern immer durch Empfindung „verunreinigt"; aber der einzige vorgefundene Inhalt
des Denkens ist der Inhalt der Empfindung, alles Andere
sein Erzeugniss.

Trotzdem möchte ich die Vergleichung der Inhalte nicht
aus der Reihe der elementaren Momente der Objectivation
gestrichen wissen; vielmehr halte ich dieselbe in einem
andern als dem Lotzeschen Sinne für einen unumgäng-
lichen Bestandtheil derselben. Nicht die „Bestimmung der
Weite und der Eigenthümlichkeit des nicht überall gleich
grossen und gleichgearteten Unterschiedes", sondern die
ursprüngliche Idee, welche eine solche Bestimmung überhaupt möglich macht, diese ist die Bedingung aller Objectivation, weil sie die Bedingung aller Unterscheidung ist.
Ich kann nicht zwei Dinge von einander scheiden, mithin
keinen einzigen Inhalt setzen, ohne zugleich die beiden
zu scheidenden Inhalte als in irgend einem Sinne vergleichbar anzunehmen: Gleichheit und Unterschied sind
Wechselbegriffe, wie Ursache und Wirkung. Ich mag zwei
Inhalte unterscheiden, aus welchem Gesichtspunkte ich will,
dem Raum, der Zeit, der Qualität, der Intensität nach,
immer muss einer dieser Begriffe als erstes Allgemeines
zu Grunde liegen. Dieses „erste Allgemeine" ist aber nur
der „allgemeine Nebengedanke", dass es überhaupt ein
Gemeinsames gebe, von dem aus Unterschiede erkannt
werden können, nicht die Angabe dieses Gemeinsamen
selbst, die nur in der Erfahrung gemacht werden kann,
sondern die „Fähigkeit", ein solches Gemeinsames überhaupt
abzuleiten, das „Vertrauen" unseres Verstandes, dass in
zwei Inhalten ein Vergleichbares sich finden werde. Deshalb kann das „erste Allgemeine" in diesem Sinne nicht
durch das Urtheil gegeben werden, sondern ist vielmehr
die Bedingung jedes Urtheils; deshalb lehrt es mich nicht
kennen, dass a stärker sei als b, sondern nur, dass a und

b vergleichbar und deshalb unterscheidbar seien; deshalb
ist dieses wahrhaft „erste Allgemeine" die Vorbedingung
für die Bildung desjenigen, was Lotze darunter versteht,
wie es die Vorbedingung ist für die Bildung jedes höheren
Allgemeinen.

Deshalb ist auch die Vergleichung als ursprüngliches
Denkmoment keine höhere, keine selbstständigere, keine
„wesentlichere" Leistung der geistigen Arbeit als die
Setzung oder Unterscheidung, vielmehr haben wir hier drei
ganz coordinirte Kräfte unseres Verstandes vor uns, von
denen wir keine ausschliessen können, ohne nicht nur den
Verstand als Ganzes, sondern auch jede der beiden anderen aufzuheben; und wenn es irgend eine Stelle in der
menschlichen Erkenntniss giebt, die auf die Annahme einer
einzigen, einigen Denkkraft als Princip alles einzeln Gedachten hinweist, so ist es diese, in der wir die elementaren Bedingungen alles Denkens den Kreislauf ihrer
Function in sich selbst vollenden sehen. Damit ich einen
Inhalt setzen, damit ich zwei Inhalte vergleichen könne,
muss ich im ersten Falle diesen einen von einem andern,
im zweiten die beiden von einander unterschieden haben;
um aber zwei Inhalte von einander unterscheiden und damit jeden von ihnen setzen zu können, müssen sie wiederum
verglichen gedacht werden, und daraus folgert der Verstand nach seinem innersten Gesetz, dass zwei Inhalte
nicht verglichen, nicht unterschieden werden können, ohne
dass zugleich jeder von ihnen gesetzt sei: er bestätigt
diesen Schluss durch die innere Erfahrung und erweist
dadurch, dass in ihm logische und causale Verknüpfung
zusammenfalle. Bei der Bewegung dieses dreispeichigen
Rades spinnt die Hand der Empfindung den Faden unserer
Erkenntniss an.

Auf welchen Gesetzen des Verstandes ruhen nun diese
drei elementarsten Aeusserungen seiner Thätigkeit, welches
sind die einfachsten Begriffe, welche zur Empfindung hinzutreten müssen, damit sie Vorstellung werde, d. i. damit sie

eine Existenz erhalte, mit anderen vergleichbar, von anderen
unterscheidbar sei; ist die Anzahl dieser Begriffe gleich derjenigen der als elementar erkannten Erkenntnissprocesse, oder
erweisen sich die letzteren bei der Zurückführung auf ihre
Bedingungen doch noch als zusammengesetzt, als in Elemente
auflösbar?

Eines lässt sich mit Sicherheit im Voraus behaupten, dass
die Anzahl der einfachen Verstandeselemente nicht geringer
sein könne als die der elementaren Thätigkeiten, denn wir
erkannten in den letzteren die nicht weiter auf einander zurück-
führbaren, weder in einander noch in eine höhere Thätigkeit
auflösbaren Factoren aller Erkenntniss. Dagegen lässt sich
hier nicht absehen, ob in dem weiteren Verlaufe des Erkennens,
ob in seinem Fortschritt von der Objectivation der Empfindung durch die Einzelvorstellung, den Begriff, das Urtheil zum
Schluss, neue elementare Kräfte des Verstandes in Wirksamkeit
treten, oder ob diese Trias in der That das vollkommene
Princip alles Denkens sei. Frühere Erörterungen über die
Causalität lassen die letzte Annahme als falsch erkennen; in
der Entwickelung seiner Kräfte offenbart der Verstand eine
weit grössere Mannigfaltigkeit, als seine ersten Anfänge vermuthen lassen: und ebenso bestimmt, als die Betrachtung eben
dieser Anfänge lehrt, dass es nicht nur „eine einzige und
alleinige Form des Verstandes" gebe, ebenso bestimmt weist
die Betrachtung der Entwickelung über die Dreiheit der
Formen hinaus, welche die Anfänge kennen lehren.

Damit ist die Untersuchung an demjenigen Punkte an-
gelangt, von dem aus sie die metaphysische Deduction der
Kategorien ihrem Principe nach einer Beurtheilung unter-
werfen kann. Doch füge ich hier noch einige Bemerkungen
über die Art derjenigen Kategorien zu, welche als den drei
in der Objectivirung zusammenwirkenden Verstandesthätig-
keiten zu Grunde liegend angenommen werden müssen.

Der Begriff eines Seins, einer Realität, einer Existenz,
eines Gegenstandes überhaupt muss die erste Kategorie sein,
und er muss correspondirend gedacht werden der Setzung des

Inhaltes; der Vergleichung der Inhalte muss die allgemeine Grundvorstellung einer Gleichheit und Verschiedenheit, der Identität und des Widerspruchs als zweite Kategorie entsprechen. Diese letztere muss in der dritten Kategorie eine Einheit erhalten, nach der verglichene Inhalte als verschieden oder gleich gesetzt werden können: und diese Einheit kann auf doppelte Art gegeben werden durch die Allgemeinvorstellung der Quantität oder die der Qualität, durch den Begriff der Grösse oder den der Eigenschaft. So viel Anstrengungen die Philosophie auch machen mag, um die Annahme dieser Kategorien herumzukommen, sie wird der ersten so wie der beiden, in welche sich die dritte Leistung der Objectivirung abzweigt, niemals entrathen können: sie wird die Quantität niemals aus der Theilbarkeit des Raumes oder der Zeit oder aus den Graden der Empfindungsstärke ableiten können, weil sie damit statt der Antwort die Frage zurückgiebt. Die Theilbarkeit des Raumes und der Zeit, die Grade der Empfindungsstärke sind die Gegenstände des Problems: die Kategorie der Quantität ist seine Lösung. Ganz ebenso ist es mit der Qualität. Zu sagen, dass ich deshalb die Vorstellung einer qualitativen Verschiedenheit habe, weil meine Empfindungen qualitativ verschieden seien, erinnert an die Argumentation eines Menschen, der die transscendentale Idealität der Erscheinung durch eine Ohrfeige ins Antlitz des Idealisten zu widerlegen hofft. Wie es geschehen könne, dass meine Empfindungen qualitativ verschieden seien, d. h. in meinem Denken qualitativ unterschieden werden können, das ist die Frage, zu der die Kategorie der Qualität die Antwort bringt. Vielleicht, dass es gelingt, die Kategorie der Vergleichung durch Beziehung auf die Vorstellung des Ich umzugestalten, indem man das erste Allgemeine in dem alle Vorstellungen begleitenden „Ich denke" sucht, und indem man sie aus der Vereinigung der transscendentalen Apperception mit den Begriffen der Eigenschaft und Grösse, mit den Kategorien des ersten Verstandesactes entstehen lässt. Ich zweifle an dem Gelingen eines solchen Unternehmens, weil die Vorstellung des Ich nur das Gemeinsame, nicht die Unterschiede der Vorstellungen geben kann, und weil Quantität und Qualität, wenn sie auch die Richtung der Unterschiedsetzung bestimmen, doch auf die Vorstellung des Unterschiedes überhaupt als ihre Voraussetzung hinweisen. Immerhin wäre dadurch auch die zweite Kategorie nicht beseitigt, sondern nur durch die trans-scendentale Apperception ersetzt. Diejenige Kategorie aber, deren Existenz unter den Elementarbestandtheilen der mensch-lichen Erkenntnisskraft am gesichertsten ist, die die unveräusser-liche und unerschütterliche Grundlage alles Gedachten bildet, ist die Kategorie des Gegenstandes, man mag dieselbe Substanz oder mit anderm Namen taufen. Alle diejenigen, welche der Causalität ihr Amt übertrugen, waren darin einig, dass nur durch einen ursprünglichen Verstandesact der Gegenstand ge-geben werden könne, wenn sie auch in der Richtung fehlgingen, in der dieser Verstandesact zu suchen war. Schopenhauer[1]), Helmholtz, Zöllner, sofern sie die Vorstellung des Gegenstandes durch die Causalität erstehen lassen, pflichten der Ansicht von der gedanklichen Natur der ersteren bei, und nur in einer ganz rohen philosophischen Anschauung kann sich dagegen Wider-spruch erheben. Man mag einem ungeschulten philosophischen Geist alle irgend möglichen Concessionen hinsichtlich der trans-scendentalen Realität dieser Welt machen, man mag zugestehen, dass es nicht nur Gegenstände überhaupt, sondern Gegenstände ganz derselben Art an sich gebe, wie diejenigen sind, welche die empirische Welt ausmachen; nur darf man dann auch das

---

1) „Man muss von allen Göttern verlassen sein, um zu wähnen, dass die anschauliche Welt da draussen, wie sie den Raum in seinen drei Dimensionen füllt, im unerbittlich strengen Gange der Zeit sich fortbewegt, bei jedem Schritte durch das ausnahmslose Gesetz der Causalität geregelt wird, in allen diesen Stücken aber nur die Gesetze befolgt, welche wir vor aller Erfahrung davon angeben können — dass eine solche Welt da draussen ganz objectiv-real und ohne unser Zuthun vorhanden wäre, dann aber durch die blosse Sinnesempfindung in unsern Kopf hineingelangte, woselbst sie nun wie da draussen noch einmal dastände. Denn was für ein ärmliches Ding ist doch die blosse Sinnesempfindung."

Zugeständuiss verlangen, dass diese Gegenstände für das vorstellende Subject nur existiren, sofern sie vorgestellt werden,
und dass deshalb die Vorstellung des Seins mit in der Reihe
derjenigen sein müsse, welche das Subject seinem Empfindungs-
inhalte zufügt, um sich zu der dem Gegenstand „adäquaten"
Vorstellung desselben zu erheben.

Bei Kant erscheint schon in dem „Beweisgrund zu einer
Demonstration des Daseins Gottes" das Sein als ein unauflöslicher, die Existenz als ein beinahe unauflöslicher Begriff, und
die Lehre von den Einheitsfunctionen in der Synthesis des
Mannigfaltigen, durch die erst der Gegenstand gegeben wird,
ist die kritische Darstellung dieser Anschauung. Wir besitzen
keine näheren Ausführungen darüber, keine einzige wirkliche
Untersuchung, wieviel „Handlungen" es seien, wodurch der Verstand einen transscendentalen Inhalt in Vorstellungen bringt;
nur von der Kategorie der Substanz wissen wir, dass sie auch
im Kantschen Sinne eine elementarere als die verbindende
Function im Urtheil habe. Die Behauptung Ulricis, dass nach
Kant „die Kategorie der Einheit oder vielmehr der Einzelheit"
es sei, „vermittelst deren wir das Ding trotz seiner mehreren
verschiedenen Eigenschaften doch als ein Ding fassen, d. h.
dass es der reine Verstandesbegriff der Einzelheit sei, welcher
den mannigfaltigen Empfindungen, Perceptionen, Wahrnehmungen, in denen unsere Kenntniss von den Dingen besteht, erst
ginheit giebt", beruht auf einem Missverständniss. Wol ist
es eine Kategorie, die dies zu Werke bringt, aber ich glaube
nicht, dass sich irgend eine Stelle wird ausfindig machen lassen,
aus der hervorginge, dass die Quantität das Object in der
Synthesis des Mannigfaltigen gebe, vielmehr ist die Anwendung derselben erst da denkbar, wo der Gegenstand bereits
in der Vorstellung existirt, d. i. wo die Substanz als das
Beharrliche zu allen Veränderungen mit der Empfindung
verbunden ist.

Während wir bei Kant über die Thätigkeit des Verstandes im Urtheil mit grosser Ausführlichkeit aufgeklärt werden,
und zwar nicht nur über die allgemeine, sondern auch über

jede besondere Function, fehlt ganz und gar der Nachweis, welcher Art die Thätigkeit des Verstandes sei, die als präparatorische alles Urtheilen überhaupt erst möglich macht, diejenige nämlich, welche aus incommensurabeln Empfindungen verbindbare Vorstellungen macht. Man wird hier nicht den Einwand erheben, der ebenso unkantisch als an sich falsch ist, dass durch die verbindende Function auch jeder der zu verbindenden Inhalte seine Formung erhalte. Es ist bereits früher ausgeführt worden, dass von dem Versuch einer gedanklichen Verbindung von Empfindungen überhaupt nicht die Rede sein kann, dass die Formung als der Verknüpfung vorausgehend angenommen werden muss. Zudem aber beweisen Urtheile wie das folgende schlagend die Unabhängigkeit, in der die verbindende Kategorie von denjenigen steht, durch welche die zu verbindenden Vorstellungen geformt sind. Wenn ich sage: Cajus ist drei Jahre alt, so ist dieses Urtheil der Quantität nach ein einzelnes, die Einheit ist in Rücksicht der quantitativen Bestimmung des Urtheils die gesetzgebende Kategorie; dagegen enthält das Prädicat die Kategorie der Quantität in der Form der Vielheit, und man wird nicht behaupten können, dass dieselbe Kategorie, welche die Form des Urtheils bestimmt, zugleich die Form des Prädicats bestimmt habe. Das Gleiche gilt von Urtheilen wie: dieses muss möglich sein, und ähnlichen.

In dem Fehlen einer Zergliederung der Leistung, welche die Kategorie im Processe der Objectivirung vollzieht, sehe ich nun den ersten Mangel der metaphysischen Deduction der Kategorien. Es sei vorläufig zugestanden, dass die Kategorie auch die verbindende Function im Urtheil habe, dass der Begriff des Urtheils von Kant im Sinne der Erkenntnisstheorie richtig gefasst, dass die Tafel der Urtheile vollständig, dass die Tafel der Kategorien richtig daraus abgeleitet sei, dann fehlt eines: der Nachweis nämlich, dass die letzere auch vollständig sei. Aus der Vollständigkeit der Tafel der Urtheile lässt sich nicht folgern, dass die Tafel der richtig daraus abgeleiteten Kategorien ebenfalls

4

vollständig sein werde; denn wenn zugestanden wird, dass
die Kategorie ausser der verbindenden Function im Urtheil
noch eine andere habe, nämlich diejenige, die Anschauung
oder Einzelvorstellung zu bilden, dann muss, um die Vollständigkeit der aus der Tafel der Urtheile hergeleiteten
Kategorientafel zu erweisen, zugleich erwiesen werden, dass
die Anzahl der „Handlungen" des Verstandes in der Objectivirung nicht grösser sein könne, als die Anzahl der
Handlungen im Urtheil, und es muss zweitens erwiesen
werden, dass die ersteren von derselben Art seien, als die
letzteren. Der Versuch dieses Nachweises liegt vor in dem
Versuch, die Identität von Denken und Urtheilen zu erweisen. So fern das Princip der Deduction auf den Namen
eines metaphysischen Anspruch macht, genügt es nicht, zu
zeigen, dass diejenigen Kategorien, welche die Erkenntnisstheorie als zur Bildung der Einzelvorstellung nothwendig
kennen lehrt, in Wirklichkeit in der abgeleiteten Kategorientafel sich vorfinden; dies wäre nur die empirische Probe
auf das Exempel. Vielmehr muss, ehe man an die Ableitung der Kategorien geht, eingesehen sein, dass die Vollständigkeit des Resultates in dem Princip verbürgt liege,
und dass der später nur indirect mögliche Nachweis der
Vollständigkeit durch die Unmöglichkeit der Angabe einer
fehlenden Kategorie ebenso unnöthig als unzureichend sei.
Damit hat sich die metaphysische Deduction eine Aufgabe
gestellt, der sie nicht gerecht geworden ist, und die weder
sie, noch irgend eine andere jemals wird erfüllen können.

Die Vollständigkeit der deducirten Tafel wird von Kant
in folgenden Worten verbürgt:

II. 78. „Dieselbe Function, welche den verschiedenen
Vorstellungen in einem Urtheile Einheit giebt, die
giebt auch der blossen Synthesis verschiedener Vorstellungen in einer Anschauung Einheit, welche,
allgemein ausgedrückt, der reine Verstandesbegriff
heisst. Derselbe Verstand also, und zwar durch
eben dieselben Handlungen, wodurch er in Begriffen

vermittelst der analytischen Einheit die logische
Form eines Urtheils zu Stande brachte, bringt auch
vermittelst der synthetischen Einheit des Mannigfaltigen in der Anschauung überhaupt in seine Vorstellungen einen transcendentalen Inhalt, weswegen
sie reine Verstandesbegriffe heissen, die a priori
auf Objecte gehen, welches die allgemeine Logik
nicht leisten kann."

Diese Stelle giebt Gelegenheit zu einer rein äusserlichen, auf den Ausdruck gerichteten Bemerkung. Was
heisst es, der Verstand bringt den Inhalt in „seine" Vorstellungen? Da scheint es, als ob die Vorstellungen auch
schon Verstandesvorstellungen seien, ehe sie ihr Object erhalten; man könnte daraus fast die Annahme ableiten, dass
Kant ausser der Gegenstandsetzung noch andere Functionen,
und zwar dem Erkenntnisswerth nach niedrigere, in der
Bildung der Anschauung gesucht habe. Doch heisst dies,
wie ich glaube, den Worten Gewalt anthun, und man thut
besser, dem Sinne nach „die" Vorstellungen, statt „seine"
Vorstellungen zu setzen und damit in Uebereinstimmung
mit Kant auszusprechen, dass erst durch Setzung des Objects die Vorstellung Vorstellung des Verstandes werde.

In sachlicher Hinsicht unterliegt die obige Stelle einem
schwerer zu beseitigenden Bedenken. Es sind dieselben Handlungen, heisst es, die dem Urtheil Einheit, der Anschauung
ihr Object geben. Damit scheint gesagt, dass auch die
gleiche Anzahl von Kategorien in den beiden dem Erkennt-
nissrange nach so durchaus verschiedenen Processen functionirend zu denken sei: es ist nicht nur behauptet, dass
die Anzahl der Kategorien in der Bildung der Einzelvorstellung nicht grösser sein könne, als in der Bildung des Urtheils,
es ist nicht nur behauptet, dass diejenigen Functionen, die in der
Objectivirung der Empfindung zum Ausdruck kommen, zugleich
eine zweite Leistung in der Urtheilsbildung zu vollziehen haben,
sondern es soll die Anzahl der Functionen in beiden Fällen
die gleiche sein, und auch diese Einsicht wird rein princi-

piell ganz ohne Erfahrung nur auf Grund der Kenntniss
der Natur unseres Verstandes gewonnen.

Damit hat die Deduction mehr übernommen, als sie zu
leisten nöthig hat, denn wenn auch die Anzahl der Functionen
in der Objectivirung nicht die der Functionen im Urtheil
erreichte, so konnte die Kategorientafel immerhin nothwendig
und vollständig sein; es war nur nöthig zu beweisen, dass die
(so zu sagen) Kategorien der Objectivation nach der natürlichen Einrichtung unseres Verstandes im Urtheil nothwendig
zu erneuter Anwendung kommen müssten. Aus der Einheit
von Denken und Urtheilen, d. i. aus der Einheit der Erkenntnisskraft, welche aus Empfindungen, Anschauungen, aus Anschauungen und Begriffen Urtheile macht, konnte nicht bewiesen werden, dass die Aeusserungsweisen dieser Kraft im
einen wie im andern Falle der Zahl nach gleich sein müssten:
vielleicht bedarf es bestimmter Bedingungen, um die volle
Entfaltung aller Einzelkräfte zu ermöglichen, vielleicht sind
diese Bedingungen beim Eintritt der Empfindung noch nicht
gegeben, vielleicht bringt sie erst das Vorstellen in höheren
Stufen seiner Entwickelung; kurz und gut, es konnte die Anzahl der Verstandesfunctionen im Urtheil grösser sein, als die
in der Bildung der Einzelvorstellung, und diese Möglichkeit
wäre durch den Nachweis der Identität von Denken und Urtheilen nicht beseitigt. Zugleich fehlt aber der Versuch, diesen
Nachweis auf andere Art zu liefern. Kant scheint davon
überzeugt gewesen zu sein, ihn in der Identität von Denken
und Urtheilen gegeben zu haben, während er in Wirklichkeit
gar nicht gegeben werden kann, und zwar nicht nur deshalb,
weil es mit der Erkenntniss unseres Verstandes durch und in
Principien überhaupt schlecht bestellt ist, sondern deshalb
weil eine Gleichheit der Zahl nach zwischen den Kategorien
im Urtheil und in der Objectivirung der Empfindung gar nicht
besteht. Wenn also die Leistung, welche die metaphysische
Deduction im Vertrauen auf die Tragweite ihres Princips über
ihre Aufgabe hinaus übernahm, von derselben nicht ausgeführt ist, wenn der Nachweis für die behauptete Gleichheit

der Functionen in ihrer doppelten Anwendung fehlt, so kann
man sich der Mühe überheben, diese Lücke durch theoretische
Raisonnements auszufüllen, weil eine einfache Betrachtung die
Aussichtslosigkeit derartiger Unternehmungen klar vor Augen
stellt. In der Tafel der 12 Kategorien finden sich einige,
darunter eine von principieller Bedeutung, die in der Bildung
der Einzelvorstellung oder Anschauung gar keine Rolle spielen.
Dies sind die Kategorien der Causalität, der Wechselwirkung,
der Limitation, so wie die 4 Kategorien der Modalität. Man
mag Wechselwirkung und Limitation ganz aus der Reihe der
Kategorien streichen, so bleibt die Causalität als diejenige
übrig, die mit der Substanz den Grundstock der ganzen Tafel
bildet und doch mit der Objectivirung der Empfindung gar
nichts zu thun hat: aber auch für die beiden anderen Kategorien müsste, wenn sie wie von Kant in die Reihe der ursprünglichen Verstandeselemente aufgenommen werden, eine
Rolle in dem Process der Objectivirung erwiesen sein. Man
wird hier nicht Conjunctionen wie „da", „indem", „obgleich"
als Beispiele von der Wirksamkeit der drei genannten Kategorien aufführen, da die ganze Bedeutung der ersteren nur in
der Urtheilsbildung liegt, da nur die Kategorie, sofern sie verbindende Function im Urtheil ist, die isolirte Vorstellung dieser
Conjunctionen ermöglicht, und wenn sie auch als einzelne
Inhalte des Denkens diesem einzeln vorstellig gemacht werden
können, so haben wir es hier mit Vorgängen zu thun, die als
Ausdruck ganz entwickelter Erkenntnissprocesse in die Betrachtung der ersten Stufen der Objectivation gar nicht hineingehören.
Wenn das Princip der metaphysischen Deduction also
dasjenige nicht halten kann, was es über die Grenzen
seiner nothwendigen Leistung verspricht, so fragt sich ferner,
in wie weit es den Anforderungen gerecht zu werden im
Stande ist, die billiger Weise an dasselbe gestellt werden
können und gestellt werden müssen, sofern es sich als
metaphysisches ankündigt.
Der Nachweis der Identität von Denken und Urtheilen wird
in der Kritik der reinen Vernunft auf folgende Art gegeben:

II. 69. „Der Verstand wurde oben blos negativ erklärt:
durch ein nichtsinnliches Erkenntnissvermögen. Nun
können wir unabhängig von der Sinnlichkeit keiner
Anschauung theilhaftig werden. Also ist der Verstand kein Vermögen der Anschauung. Es giebt
aber ausser der Anschauung keine andere Art zu
erkennen, als durch Begriffe. Also ist die Erkenntniss eines jeden, wenigstens des menschlichen
Verstandes, eine Erkenntniss durch Begriffe, nicht
intuitiv, sondern discursiv. Alle Anschauungen als
sinnlich beruhen auf Affectionen, die Begriffe also
auf Functionen. Ich verstehe aber unter Function
die Einheit der Handlung, verschiedene Vorstellungen unter einer gemeinschaftlichen zu ordnen.
Begriffe gründen sich also auf der Spontaneität
des Denkens, wie sinnliche Anschauungen auf der
Receptivität der Eindrücke. Von diesen Begriffen
kann nun der Verstand keinen andern Gebrauch
machen, als dass er dadurch urtheilt. ... Alle Urtheile sind demnach Functionen der Einheit unter
unsern Vorstellungen, da nämlich statt einer unmittelbaren Vorstellung eine höhere, die diese und
mehrere unter sich begreift, zur Erkenntniss des
Gegenstandes gebraucht wird. ... Wir können aber
alle Handlungen des Verstandes auf Urtheile zurückführen, so dass der Verstand überhaupt als ein
Vermögen zu urtheilen vorgestellt werden kann.
Denn er ist nach dem Obigen ein Vermögen zu
Denken. Denken ist das Erkenntniss durch Begriffe. Begriffe aber beziehen sich als Prädicate
möglicher Urtheile auf irgend eine Vorstellung von
einem noch unbestimmten Gegenstande. ... Die
Functionen des Verstandes können also insgesammt
gefunden werden, wenn man die Functionen der
Einheit in den Urtheilen vollständig darstellen kann.“
Die Bestimmung dessen, was unter Anschauung gemeint

sei, ist für das Verständniss dieser Stelle von Wichtigkeit. Wir unterscheiden an der sinnlichen Anschauung dreierlei: 1) die Empfindung, 2) die reine Form, in der sie geordnet wird, diese sei nun Zeit oder Raum, 3) den Gegenstand. Wenn die Anschauung die einzige Vorstellung ist, die unmittelbar auf den Gegenstand geht, so liegt ihr Unterschied von der Empfindung eben in der Beziehung auf den Gegenstand, von der in der letzteren nichts enthalten ist, der Unterschied liegt also in dem Hinzutreten einer Function des Verstandes, denn der Gegenstand kann nur gegeben werden in der „Vorstellung der nothwendigen synthetischen Einheit"; und das Vermögen der Functionen, d. i. der Handlungen, verschiedene Vorstellungen unter einer gemeinsamen zu ordnen, heisst Verstand. Deshalb ist der Unterschied zwischen Anschauungen und Begriffen nicht in demselben Grade durchgreifend als der zwischen Sinnlichkeit und Verstand, und man kann die beiden letzteren nicht als ein Vermögen der Anschauungen und ein Vermögen der Begriffe gegenüberstellen, so lange Anschauung in dem oben gegebenen Sinne gefasst wird. In der Kritik der reinen Vernunft steht Anschauung aber noch in zwei anderen Bedeutungen: einmal für die Form der Anschauung und heisst dann auch reine Anschauung, oder für die reine Form zusammen mit der Empfindung, also für dasjenige, was übrig bleibt, wenn man den Antheil der Kategorie aus der Anschauung in der erstgegebenen Bedeutung des Wortes weglässt; in diesem Sinne heisst sie auch blosse Anschauung. In dem Satze: „Alle Anschauungen als sinnlich beruhen auf Affectionen, die Begriffe also auf Functionen" ist die „Anschauung als sinnlich" gleich der blossen Anschauung. Dieselbe Bedeutung kann das Wort aber schwerlich in dem vorhergehenden Satze haben: „Es giebt aber ausser der Anschauung keine andere Art zu erkennen, als durch Begriffe;" denn durch blosse Anschauung lässt sich in Kants Sinne ebenso wenig erkennen, als durch blosse Begriffe. Wenn also an dieser Stelle der Unterschied zwischen Anschauung und

Begriff in der Einzelheit der ersteren, in der Allgemeinheit des letzteren liegt, so hört die Gegenüberstellung da auf vollständig zu sein, wo die Bedeutung des Wortes Anschauung alterirt wird, wie in dem kurz darauf folgenden Satze: „Blosse Anschauungen beruhen auf Affectionen, die Begriffe aber auf Functionen." Soll sich aber hier zugleich mit der Bedeutung der Anschauung diejenige des Begriffs in der Richtung ändern, in der derselbe allein in Gegensatz zur blossen Anschauung, zur Anschauung „als sinnlich" tritt, d. h. soll unter Begriff all' das verstanden werden, was nicht Anschauung ist, Alles, was zum Geschäft des Verstandes gehört, so wird der spätere Satz: „Begriffe beziehen sich als Prädicate möglicher Urtheile auf irgend eine Vorstellung von einem noch unbestimmten Gegenstand" in der Allgemeinheit, in der er auftritt, und in der Begriffe so viel als alle Begriffe bedeutet, unrichtig. Denn Begriffe beziehen sich auf irgend eine Vorstellung von einem noch unbestimmten Gegenstande auch anders als Prädicate möglicher Urtheile, nämlich als die Möglichkeit alles Prädicirens und damit alles Urtheilens überhaupt, so fern sie das Subject im Urtheil, dasjenige, wovon prädicirt werden soll, liefern: und diese Beziehung findet in der Bildung der Anschauung oder Einzelvorstellung statt. Sofern die Einheitsfunction in der Anschauung mit in Rechnung gezogen wird, liegt auch in dieser eine Handlung des Verstandes, verschiedene Vorstellungen unter einer gemeinschaftlichen zu ordnen, und man hat wol ein Recht zu sagen, dass Begriffe auf Functionen ruhen, aber nicht, sie auf Grund dieser Erkenntniss in Gegensatz zu Anschauungen zu bringen.

Die Vernachlässigung der Verstandesfunction bei Bildung der Anschauung zeigt sich in der weiteren Ausführung des Kantschen Gedankenganges noch deutlicher. Der Verstand wird erklärt als das Vermögen der Functionen, d. i. der Handlungen, verschiedene Vorstellungen unter einer gemeinsamen zu ordnen. „Alle Urtheile sind Functionen der Einheit unter unseren Vorstellungen," heisst es weiter, und hieraus hätte man zweierlei als Schluss erwarten sollen: entweder das Ver-

mögen zu urtheilen ist also der Verstand, oder alle Urtheile
sind also Verstandeshandlungen. Statt dessen begegnen wir
der nach den Vordersätzen nicht als berechtigt zu erkennenden
Behauptung: also ist der Verstand überhaupt ein Vermögen
zu urtheilen, oder alle Verstandeshandlungen sind Urtheile.
Dies ist ebenso falsch geschlossen, als es in Wahrheit unrichtig
ist. Damit dieser Conclusion logische Berechtigung zuzuge-
stehen wäre, hätte der zweite Satz nicht heissen müssen: alle
Urtheile sind Functionen der Einheit, sondern alle Functionen der Einheit sind Urtheile; und dies durfte da nicht wohl behauptet werden, wo das Urtheil einmal als objectiv giltig charakte-
risirt, und wo ausserdem neben der Verbindung im Urtheil die
Bildung der Anschauung als auf einer Function der Einheit in der
Synthesis des Mannigfaltigen ruhend gezeichnet wurde. Wenn es
auch heisst, dass dieselbe Function, welche den verschiedenen Vorstellungen in einem Urtheil Einheit giebt, auch der blossen
Synthesis verschiedener Vorstellungen in einer Anschauung
Einheit gäbe, so wird damit doch nicht die Identität von
Urtheil und Anschauung behauptet, und wir müssen also den
Schlusssatz, der die Vollständigkeit der metaphysischen Deduction verbürgen soll: „wir können alle Handlungen des Verstandes auf Urtheile zurückführen, so dass der Verstand überhaupt als ein Vermögen zu urtheilen vorgestellt werden kann,“
auf Grund der von Kant selbst gegebenen Prämissen eintau-
schen gegen den folgenden: „Wir können alle Urtheile auf Handlungen des Verstandes zurückführen, so dass das Vermögen
zu urtheilen als Verstand vorstellig gemacht oder bezeichnet
werden kann, so fern eben Verstand erklärt ist als das Vermögen der Functionen.“ Damit ist die Identität zwischen
Denken und Urtheilen in gewissem Sinne, aber anders, als
Kant es wünschte, erwiesen. Heisst die allgemeinste Thätigkeit des Verstandes „Denken“, so ist alles Urtheilen Denken, aber nicht umgekehrt; der Begriff Urtheilen fällt ganz
innerhalb den des Denkens, wird von ihm als dem weiteren
umfasst.

Der Ertrag also, den das oben in extenso hergesetzt

Kantsche Raisonnement liefert, lässt sich dahin zusammen-
fassen, dass, weil Urtheile Functionen des Verstandes sind,
die Functionen des Verstandes aber auf Kategorien ruhen,
aus den Urtheilen Kategorien herleitbar sein müssen. Diese
Anschauung ist vorläufig als richtig vorausgesetzt und soll
erst später beleuchtet werden. Dagegen ist nicht erwiesen,
dass sich aus den Urtheilen alle Kategorien, alle Verstandesfunctionen ableiten lassen, vielmehr muss auf Grund
der Anschauungen Kants behauptet werden, dass es andere
Verstandesfunctionen gebe als im Urtheil, und zwar in der
Bildung der Einzelvorstellung, dass hier wie dort die Einheit der Denkhandlung die geistige vis motrix sei; und
was die Functionen des Verstandes in Bildung der Anschauung betrifft, so ist weder erwiesen, dass sie mit den
Urtheilsfunctionen zusammenfallen, dass ihre Anzahl kleiner
sei als die der letzteren, noch ist überhaupt ein Fingerzeig
zu ihrer Auffindung gegeben. Während uns versprochen
war, durch die Identität von Denken und Urtheilen nach-
zuweisen, dass dieselbe Anzahl gleicher Functionen in der
Bildung der Anschauung wie in der des Urtheils thätig
sei, haben wir erfahren, dass Urtheilen eine Art des Denkens sei, und während wir auf Grund des ersten Nachweises die vollkommene Anzahl der Kategorien erhalten
sollten, werden aus der Tafel der Urtheile die urtheilbildenden Kategorien hergeleitet, und die Kategorien der
Anschauung werden weder gegeben, noch ein Weg zu ihrer
Auffindung gezeigt. Es liegt auf Grund der Kritik der
reinen Vernunft kein Recht zu der Behauptung der Prolegomena vor: „Um aber ein solches Princip auszufinden,
sah ich mich nach einer Verstandeshandlung um, die alle
übrigen enthält und sich nur durch verschiedene Modificationen oder Momente unterscheidet, das Mannigfaltige der
Vorstellung unter die Einheit des Denkens überhaupt zu
bringen, und da fand ich, diese Verstandeshandlung bestehe
im Urtheilen." (III 89.) Die Bürgschaft also, welche das
Princip der Deduction für die Vollständigkeit der deducir

ten Kategorien liefert, ist so gering, dass vielmehr fast die
Bürgschaft seiner Unvollständigkeit darin gefunden werden
könnte, und wenn es sich selbst heraus stellen sollte, dass
in der Objectivirung der Empfindung keine anderen Kategorien
in Anwendung kommen, als solche, die in der Urtheilsbildung zum zweiten Male functioniren, so dürfte aus dieser
dem „Pöbel der inneren Erfahrung" entstammenden Thatsache keine Bestätigung der Richtigkeit des „rein metaphysischen Princips" geschöpft, vielmehr könnte dadurch nur
der Verdacht nahe gelegt werden, dass dasselbe der als fac-
tisch bemerkten Uebereinstimmung zwischen Urtheils- und
Anschauungskategorien „nachgekünstelt" sei. In Wirklichkeit ist eine solche Uebereinstimmung, so weit sich ohne
ganz eingehende in dieser Richtung vorgenommene Untersuchungen urtheilen lässt, gar nicht vorhanden. Wenn z. B.
die Quantität aus der Reihe der „Urtheilstitel" gestrichen
wird — und ich glaube, dass hiefür schwerwiegende Gründe
vorliegen, — so tritt die Kategorie der Quantität ganz aus der
Reihe der Urtheilsfunctionen heraus und behält nur in der
Bildung der Einzelvorstellung Bedeutung. Ob ich sage: ein
Mensch oder zwei Menschen sind gestorben, dies ist für den
specifischen Charakter des Urtheils ganz gleichgültig; in
beiden Fällen hat das Urtheil kategorische Form und der
ganze Unterschied liegt in dem Subject, mithin der für die
Urtheilsverknüpfung zubereiteten Vorstellung.

Es liegt nichts Unwahrscheinliches, nichts Undenkbares
darin, dass die Functionen des Verstandes in Bildung der
Anschauung andere seien als in Bildung des Urtheils, damit
ist der Verstand nicht in seiner Einheit zerrissen, nicht in
seinem Princip aufgehoben. Das, was die Einheit giebt, ist
vollkommen unversehrt erhalten, es ist die Function überhaupt, die Einheit der Handlung, verschiedene Vorstellungen
unter einer gemeinsamen zu ordnen, und sofern man sich
diese allgemeinste Begriffsbestimmung der Verstandesthätigkeit gegenwärtig erhält, wird man hier wie dort die eigenthümliche Kraft wirksam erkennen. So wenig die specifi-

schen Unterschiede der Empfindungen die Sinne überhaupt
eliminiren, so wenig durch sie das Gemeinsame der Empfindung übertönt oder gar erstickt wird, ebenso wenig wird
durch die Annahme einer verschiedenartigen Functionirung
derselben Kraft an verschiedenem Material diese selbst aufgehoben, ebenso wenig hört der Verstand auf, ein einiger
zu sein, wenn die Mannigfaltigkeit seiner Functionen sich
steigert. Mit demselben Rechte, mit dem Jemand die Uebereinstimmung der Functionen in der Anschauung wie im
Urtheil als Bedingung dafür erklärt, die Bildung beider in
der Thätigkeit der gleichen Erkenntnisskraft zu suchen,
kann man für die Bildung jeder Urtheilsform ein gesonder-
tes „Vermögen" annehmen; denn es ist nicht leichter ein-
zusehen, wie derselbe Verstand aus seinem einheitlichen
Princip heraus, das ihm erst die Stelle einer gesonderten
Erkenntnissquelle einräumt, zwölf verschiedene Aeusserungsweisen haben könne an anscheinend gedanklich gleichem
Material, als wie er an specifisch verschiedenem Vorstellungs-
material in verschiedener Weise wirksam sein könne. Dasjenige, was uns den Grund aller Urtheile in derselben Sphäre
unseres Erkennens suchen lässt, ist doch nur die Einsicht, dass
bei aller formellen Verschiedenheit der einzelnen Urtheilsarten
ein Gemeinsames in ihnen wiederkehre, die Vereinigung
nämlich getrennter Vorstellungen, und wo immer wir diese
Vereinigung in dem Gebiete unserer Erkenntniss antreffen,
immer werden wir ihre Entstehung auf dieselbe Erkenntnisskraft zurückzuführen haben. Ich hoffe dadurch dem
Einwand zu begegnen, dass durch die Trennung der An-
schauungs- von den Urtheilskategorien zwei gesonderte
Verstandesvermögen gesetzt würden, vielmehr würde ich
darin eine Aufhebung der im Anschluss an Kant gegebenen
Begriffsbestimmung des Verstandes sehen; durch diese ist
mit Nothwendigkeit geboten, die Erkenntnissmomente, die
in der Objectivirung zur Empfindung hinzutreten, wie diejenigen, welche eine Verknüpfung von Vorstellungen zu
Urtheilen ermöglichen, im Verstande zu suchen, d. i. sie

als Verstandeselemente, als Kategorien zu fassen. So weit reicht die dictatorische Gewalt des Princips des Verstandes, dagegen lässt sich über eine Uebereinstimmung der Urtheils- und Anschauungskategorien der Art oder der Zahl nach, sowie über irgend ein Gesetz ihres Zusammenhanges auf Grund dieses Princips garnichts ausmachen. Die „Einheits- bestrebung" hat hier der Sache Gewalt angethan. —

Viel klarer als bei Kant selbst liegt die Unvollkommen- heit seiner dem Princip der Deduction zu Grunde gelegten Argumentation bei den Darstellern seiner Erkenntnisstheorie zu Tage. In der Geschichte der neueren Philosophie, 2. Aufl., III S. 360, sagt Kuno Fischer:

> „Es ist nicht schwer, die Kategorien zu ent- decken, wenn man sich deutlich gemacht hat, was sie sind im Unterschiede von allen empirischen Begriffen: sie sind urtheilende Begriffe, während jene vorstellende sind; ihre Function ist nicht, Ob- jecte vorzustellen, sondern Vorstellungen zu ver- knüpfen. Objecte sind in der Anschauung gegeben, niemals deren Verknüpfung; die vorstellenden Be- griffe können aus der Anschauung geschöpft wer- den, niemals die verknüpfenden oder urtheilenden Begriffe. Nun besteht in der Verknüpfung der Vor- stellungen die Form des Urtheils, die vom Urtheile übrig bleibt, wenn man die Materie desselben, näm- lich die zur Verknüpfung gegebenen Vorstellungen oder die empirischen Bestandtheile abzieht. Was übrig bleibt, ist das reine Urtheil, die reine Urtheils- form oder, da alles Urtheilen im Denken besteht, die reine Denkform. Urtheilende Begriffe sind da- her so viel als reine Urtheils- oder Denkformen. Man kann sie auch die reinen Verstandesformen nennen, sofern das Urtheilen oder Denken die eigen- thümliche Verstandesfunction bildet."

Das Unkantische dieser Deduction der Terminologie wie dem Inhalte nach ist leicht ersichtlich; der Faden des

Kantschen Gedankens ist zerrissen und damit der Darstellung desselben auch der Schein eines logischen Zusammenhangs genommen. Zunächst sind Kategorien im Sinne der empirischen Begriffe keine Begriffe: jeder empirische ist die Zusammenfassung aller wesentlichen Merkmale, die Kategorie ist nur das Princip, die Bedingung zur Möglichkeit dieser Zusammenfassung, sie heisst deshalb Function, d. i. „Form des Begriffs". (II 203.) Nur sofern auch alle empirischen Begriffe durch den Verstand gebildet sind, heisst dieser ein Vermögen der Begriffe, und seine Formen erhalten in übertragenem Sinne ebenfalls den Namen von Begriffen. „Empirische Begriffe" können aber niemals aus der Anschauung geschöpft werden, weder einer reinen, noch einer blossen, noch einer gegenständlichen, denn alle gegenständlichen, denn alle Begriffe „beruhen auf Functionen, gründen sich auf der Spontaneität des Denkens." „Urtheilende Begriffe" sind aber entweder ein Unding, sofern der Begriff eine einzelne Vorstellung, das Urtheil aber eine Einheit einzelner Vorstellungen ist, oder es sind alle Begriffe urtheilende, weil sich Begriffe „als Prädicate möglicher Urtheile auf irgend eine Vorstellung von einem noch unbestimmten Gegenstande" beziehen. Ferner fehlt dasjenige, worin der ganze Schwerpunkt der Kantschen Deduction ruht, dass nämlich das Vermögen der Functionen Verstand heisse, wodurch es dann unverständlich wird, weshalb Urtheile als „Verknüpfungen von Vorstellungen" zum Verstande gehören. Endlich findet sich die Behauptung der Identität von Denken und Urtheilen, in der als Schluss der Kantsche Gedankengang gipfelt, in der Reihe der Gründe als Parenthese eingeschaltet: „da alles Urtheilen im Denken besteht."

Bei Cohen[1]) ist die Kantsche Ueberlegung, auf der das Princip der Deduction ruht, in strenger Anlehnung an Kant wieder gegeben und durch Einschaltung eines Satzes erläutert,

---

1) Theorie der Erfahrung Seite 115.

dessen Vermittelung bei Kant stillschweigend angenommen wird. Es heisst: „Begriffe aber beziehen sich als die Prädicate möglicher Urtheile auf irgend eine Vorstellung von einem noch unbekannten Gegenstande . . . . Der Begriff ist mithin nur dadurch Begriff,, dass er vermittelst der Vorstellungen, die unter ihm enthalten sind, sich auf Gegenstände beziehen kann. Diese Beziehung ist das Urtheil." Wir stehen hier wieder vor dem Zweifel, in welcher Bedeutung „Begriff" zu fassen sei. Ist er im Sinne der Logik Zusammenfassung der wesentlichen Merkmale, so ist die Kantsche Stelle unangreifbar, tritt aber ausser Zusammenhang mit der Kategorienlehre, denn in dem Sinne der Logik sind die Kategorien keine Begriffe. Versteht man aber unter Begriff die Kategorie mit, so ist der von Cohen im Sinne Kants mit Recht eingeschaltete Satz unrichtig, denn „diese Beziehung" ist wol auch das Urtheil, aber sie ist nicht nur das Urtheil, und es sollte gezeigt werden, dass die „Verstandesbegriffe nur zum Urtheilen gebraucht werden". „Diese Beziehung" ist auch die Anschauung oder Einzelvorstellung.

Bei Hoelder erscheint das Princip der Deduction in so kategorischer Kürze, dass die Frage nach der Bürgschaft für die Vollständigkeit der Ableitung aus ihm nicht wol aufkommen kann, und wir finden in der That diesen Punkt gar nicht berührt.[1])

Auch bei Riehl, dessen Darstellung der Kantschen Erkenntnisstheorie ich, abgesehen von Einzelheiten, z. B. der übermässigen Betonung des realistischen Moments in der Lehre vom Ding, an sich für die vorzüglichste halte, die wir besitzen, ist das Bedenken, zu dem die Kritik der reinen Vernunft Anlass giebt, nicht gehoben. Es heisst:

„Nachdem vom Begriffe der Causalität das Zusammentreffen mit der Urtheilsfunction von Grund und Folge erwiesen war, liess sich dieselbe Uebereinstimmung vom Begriffe der Substanz mit dem

---

1) Darstellung der Kantschen Erkenntnisstheorie S. 17 u. 18.

eines Subjectes im Urtheile zeigen. Die Elementar-
begriffe des Erkennens überhaupt konnten aus den
Einheitsbegriffen des Urtheils vollständig abgeleitet
und ihre Uebereinstimmung mit diesen bewiesen
werden, worin eben das Verfahren der „metaphysischen" Deduction besteht. Der Grundgedanke, der
dieses Verfahren leitet, ist durchaus zu billigen. Da
wir den Verstand selber nicht beobachten können,
so müssen wir uns an die Form der Erkenntnisse,
seiner Producte, halten, wenn wir dasjenige ermitteln
wollen, was ursprünglich dem denkenden Bewusstsein
entstammt. Ebenso können wir die Tragweite der
Giltigkeit seiner Erkenntnissform nur aus der allgemeinen Bedeutung der Urtheile ermessen. Desgleichen
ist es richtig, dass die Urtheilsfunction dieselbe
bleibt, mag sie an Begriffen oder an Anschauungen
von Dingen ausgeübt werden[1])."

Man kann jedem der drei letzten Sätze einzeln seine Zustimmung geben, ohne dass daraus folgte, „dass die Elemen-
tarbegriffe des Erkennens aus den Einheitsbegriffen des Urtheils vollständig abzuleiten seien". Denn die Urtheile sind
keineswegs die einzigen „Producte" des Verstandes, noch
weniger aber schliessen sie die anderen Producte deshalb ein,
weil sich aus ihnen allein die „Tragweite der Giltigkeit" der
Erkenntniss ermessen lässt. Dieser Gesichtspunkt ist für die
transscendentale Deduction von Wichtigkeit, für die metaphysische ist er ohne jeden Werth. Und weil das „Zusammentreffen" zweier Kategorien mit zwei Urtheilsfunctionen
„erwiesen" war, liess sich vielleicht vermuthen, dass andere
Kategorien aus anderen Urtheilsfunctionen ableitbar seien, es
liess sich aber nicht folgern, dass die vollständige Ableitung
der ersteren aus den letzteren möglich sei.

Hier bleibt eine wunde Stelle der metaphysischen Deduction, die sich weder durch Kants Argumentationen noch

---

1) Der philosophische Kriticismus I. Bd. S. 360.

durch die mehr oder weniger freien Reproductionen seiner
Darsteller, noch durch die theoretische Philosophie überhaupt
schliessen lässt. Doch ist sie, wie sich in den folgenden
Betrachtungen ergeben wird, nicht die einzige, aus der die
Existenz dieses einst so bewunderten Meisterstücks Kantscher
Architektonik verblutet.

Die bisherige Erörterung der. metaphysischen Deduction
ging von der Voraussetzung aus, dass die Kategorien in der
That die vereinigenden Functionen im Urtheil seien, sie
nahm weiterhin an, dass die Aufstellung der Urtheile so
wie die der daraus abgeleiteten Kategorien von Kant vollkommen und zwar im Sinne einer metaphysischen Erkenntniss
geleistet sei, und sie hatte nur zu untersuchen, ob die Kategorien der Objectivation in den Kategorien des Urtheils nothwendig enthalten seien, wie dies Kant auf Grund der Annahme der Identität von Denken und Urtheilen behauptet.
In den folgenden Auseinandersetzungen wird diese Voraussetzung selbst Gegenstand der Untersuchung. Es handelt
sich darum, festzustellen, ob in der That die verschiedenen
Vereinigungen von Einzelvorstellungen und Begriffen zu Urtheilen auf verschiedenen Functionen desselben Vermögens
ruhen, und ob Urtheile die einzige Art der Vereinigung von
Einzelvorstellungen und Begriffen, d. i. die einzigen höheren
Functionen des Verstandes seien; es fragt sich, wie muss der
Begriff des Urtheils gefasst werden, damit er alle Arten der
gedanklichen Verknüpfung vorgestellter Inhalte in sich be-
greife, oder wenn eine dadurch nothwendige Zerrung des
Begriffs sich als mit seinem Wesen in Widerspruch erweist,
so stellt sich die weitere Frage, welches sind ausser Urtheilen im engeren Sinne die „mittelbaren Functionen" des Verstandes in der Verknüpfung von Vorstellungen? Ich setze
hier die „höheren" „mittelbaren" Functionen als „Vorstellungen von Vorstellungen" (II. 69) den Functionen des Verstandes in Bildung der Anschauung als den „niedrigeren" „unmittelbaren" gegenüber und verstehe im Folgenden, auch wo

ich mich schlechtweg des Ausdrucks „Function" bediene, stets
die ersteren darunter.

Die Begriffsbestimmung des Urtheils bei Kant ist das
erste, worüber wir uns zu orientiren haben. Mit Recht tadelte
Kant die alte „Erklärung, welche die Logiker von einem Urtheile überhaupt geben": es sei die „Vorstellung eines Verhältnisses zwischen zwei Begriffen". Ohne sich auf eine
weitere Widerlegung des naheliegendsten Mangels dieser Definition einzulassen, dass dieselbe das hypothetische und dis-
junctive Urtheil nicht in sich begreift, welche letzteren
„nicht ein Verhältniss von Begriffen, sondern selbst von Urtheilen" enthalten, „merkte er nur an," dass hier nicht bestimmt sei, „worin dieses Verhältniss bestehe". (II, 738.)
Betrachten wir zum Unterschiede davon seine eigenen Definitionen des Urtheils.

II. 69. „Das Urtheil ist also die mittelbare Erkenntniss
    eines Gegenstandes, mithin die Vorstellung einer
    Vorstellung desselben . . . . In jedem Urtheil ist
    ein Begriff, der für viele gilt, und unter diesem Vielen
    auch eine gegebene Vorstellung begreift, welche
    letztere dann auf den Gegenstand unmittelbar bezo-
    gen wird."

II, 70. „Alle Urtheile sind demnach Functionen der Ein-
    heit unter unseren Vorstellungen, da nämlich statt
    einer unmittelbaren Vorstellung eine höhere, die diese
    und mehrere unter sich begreift, zur Erkenntniss des
    Gegenstandes gebraucht wird."

II. 738. „Dadurch allein wird aus diesem Verhältniss ein
    Urtheil, d. i. ein Verhältniss, das objectiv giltig ist."

In diesen Erklärungen ist das Verhältniss der Vorstellungen im Gegensatz zu der ungenauen Festsetzung der alten
Logiker dahin bestimmt, dass sie Vorstellungen des Gegenstandes sein müssen; nicht Verknüpfung von Vorstellungen
überhaupt, sondern Verknüpfung von Vorstellungen am Gegenstande ist das Wesen des Urtheils. Diesen Erklärungen Kants
steht eine andere gegenüber, in der der objective Gesichts-

punkt der Verknüpfung durch den subjectiven verdrängt
scheint.

II. 740. „Diejenige Handlung des Verstandes aber, durch
die das Mannigfaltige gegebener Vorstellungen (sie
mögen Anschauungen oder Begriffe sein) unter eine
Apperception überhaupt gebracht wird, ist die logische
Function der Urtheile."

Die Apperception, dies wird beständig eingeschärft, sie
sei empirisch oder transscendental, ist nun aber die Vorstellung der Einheit des Subjects; es scheint also ein Widerspruch zu entstehen, wenn das Verhältniss der Vorstellungen
im Urtheil einmal an den Gegenstand, das andere Mal an
die Einheit des vorstellenden Subjects geheftet wird. Dieser
Widerspruch wird gehoben in der folgenden Bestimmung des
Begriffs „Urtheil", die uns unmittelbar im Anschluss an die
Opposition gegen die älteren Logiker gegeben wird und die
treffendste ist, welche die Kritik der reinen Vernunft enthält:

II. 739. „Wenn ich aber die Beziehung gegebener Er-
. kenntnisse in jedem Urtheile genauer untersuche
und sie, als dem Verstande angehörige, von dem
Verhältnisse nach Gesetzen der reproductiven Einbildungskraft (welches nur subjective Giltigkeit hat)
unterscheide, so finde ich, dass ein Urtheil nichts
Anderes sei als die Art, gegebene Erkenntnisse zur
objectiven Einheit der Apperception zu bringen.
Darauf zielt das Verhältnisswörtchen „ist" in denselben, um die objective Einheit gegebener Vorstellungen von der subjectiven zu unterscheiden. Denn
dieses bezeichnet die Beziehung derselben auf die
ursprüngliche Apperception und die nothwendige
Einheit derselben, wenngleich das Urtheil selbst
empirisch, mithin zufällig ist, z. B. die Körper sind
schwer. Damit ich zwar nicht sagen will, diese
Vorstellungen gehören in der empirischen Anschauung
nothwendig zu einander, sondern sie gehören vermöge der nothwendigen Einheit der Apperception in

5*

der Synthesis der Anschauungen zu einander, d. i.
nach Principien der objectiven Bestimmung aller
Vorstellungen, sofern daraus Erkenntniss werden
kann, welche Principien alle aus dem Grundsatze der
transscendentalen Einheit der Apperception abgeleitet sind."

Hier ist die Einheit der transscendentalen Apperception
zum obersten Princip aller Urtheile gemacht. Sofern es die
Einheit unseres transscendentalen, nicht empirischen Bewusstseins ist [welches auf Grund der Annahme der Reciprocität
der Begriffe „objectiv giltig" und „allgemein giltig" auch
ein „Bewusstsein überhaupt" heisst], die überall den Gegenstand giebt, sofern die Verknüpfung der Vorstellungen aus
der regellosen Synthesis des Mannigfaltigen zu der Ordnung
der Welt der Objecte geschieht durch die Beziehung der Vorstellungen auf die nothwendige Einheit meines Bewusstseins,
sofern also solche Vorstellungen einen gemeinsamen Gegenstand erhalten, welche in der transscendentalen Apperception
nothwendig zusammengehören, so fällt der Unterschied
zwischen der anscheinend subjectiven Einheit des Bewusstseins
und der Einheit am Gegenstande zusammen, und die Beziehung aller Urtheile auf Objecte ist bedingt durch die Beziehung der Urtheile auf die Einheit meiner Apperception.
Die Zweifel, welche hier entstehen und nur in einer Fixirung
der Begriffe „Nothwendigkeit" und „Giltigkeit von Gegenständen" gehoben werden können, zu erörtern, gehört nicht
hierher; ebenso ist es gleichgiltig, ob die subjective Einheit
der Vorstellungen im Bewusstsein anders als psychologisch
erklärt werden kann, womit das letztere aufhört ein transscendentales zu sein — im Sinne Kants ist hier die transscendentale Apperception als das oberste und einzige Princip
aller Urtheile erklärt und zugleich als der Grund für die
objective Giltigkeit derselben. Nur sei bemerkt, dass sich
aus der einfachen Nebeneinanderstellung der verschiedenen
Definitionen, welche Kant für das Urtheil und damit für den
Verstand als ein Vermögen zu urtheilen gegeben, von einem

inneren Widerspruch derselben gar nichts ableiten lässt; der scheinbare, äussere Widerspruch wird durch Kants Lehre von der transscendentalen Apperception gehoben, und Schopenhauer hätte diese einer gründlichen Untersuchung unterziehen müssen, wenn er Kants Lehre vom Urtheil stürzen wollte, anstatt über die Begriffsbestimmung des Verstandes auf Grund einer einfachen Compilation der verschiedenen Erklärungen in Exclamationen auszubrechen wie diejenigen: Welt als W. und V. I. S. 523.

Während nun alle unsere Vorstellungen, sofern sie Erkenntnisse werden sollen, auf die transscendentale Apperception bezogen werden müssen, so ist die Art, in der Vorstellungen zur Einheit des Bewusstseins gebracht werden können, verschieden, und zwar giebt es soviel Arten, als es Momente der Einheit unter den Vorstellungen giebt. Dasjenige, was innerhalb der transscendentalen Apperception die verschiedenen Arten der synthetischen Verknüpfung von Vorstellungen zu Urtheilen möglich macht, ist die Mannigfaltigkeit der Functionen, d. i. der einigen Handlungen, verschiedene Vorstellungen unter einer gemeinschaftlichen zu ordnen. Diese Functionen sind die Kategorien. Und so gross die Anzahl der Verknüpfungsweisen einer Mannigfaltigkeit von Inhalten zur Einheit des Bewusstseins ist, so mannigfaltig ist die Form der Urtheile und umgekehrt. Da uns nun durch die Logik die Formen der Urtheile überliefert sind, so können wir aus ihnen die Kategorien, d. i. die Arten ableiten, wie die Synthesis mannigfaltiger Vorstellungen zur transscendentalen Einheit der Apperception möglich ist.

Es könnte den Anschein haben, als ob von der transscendentalen Apperception aus der Nachweis geliefert sei, dass die Functionen, die den Gegenstand überhaupt in der Anschauung bestimmen, dieselben seien als diejenigen, die die Verknüpfung am Gegenstande ermöglichen. „Denn wenn der Gegenstand überhaupt erst durch die Beziehung auf die transscendentale Apperception gegeben wird, so gilt

dies für den Process der Objectivirung ebenso gut, als es
für das Urtheil gilt, und die Arten dieser Beziehung müssen
in dem einen Falle so mannigfach sein können, als im andern." Das „müssen können", das Schopenhauer in all'
diesen Reflexionen mit Recht tadelte, spielt auch hier eine
verhängnissvolle Rolle. Nicht das soll nachgewiesen werden,
dass die Beziehungen gleich gross sein können, sondern
dass sie es wahrhaft sind.

Von der transscendentalen Apperception aus erhält also
das Urtheil zweierlei: einmal vermittelst der Kategorie seine
Form, und zweitens, wenn man den Ausdruck gestatten
will, die Richtung seines Inhalts. Diesen selbst kann es
nur in der Erfahrung, nur auf Grund der Empfindung erhalten. Das aber ist von vorneherein bestimmt und gehört
mit zum Begriffe jedes Urtheils, dass es eine objective Beziehung von Vorstellungen enthalte. Es wäre ganz falsch,
daraus für Kant den Vorwurf abzuleiten, dass er Form und
Inhalt des Urtheils in einer gemeinsamen Quelle habe ent-
springen und damit in der erkenntnisstheoretischen Erklärung
des Urtheils den sonst in grosser Strenge gemachten Unterschied zwischen formaler und materialer Wahrheit habe fallen
lassen. Es ist ein ganz Anderes, zu sagen, „das Urtheil ent-
spreche in seinen Formen als subjectives Abbild den verschiedenen objectiven Verhältnissen," oder „das Urtheil bezieht sich
in seinen Formen auf irgend ein objectives Verhältniss."
Nach dem ersten Satze ist mit der Form des Urtheils zugleich
sein Inhalt falsch, denn in der richtigen Beziehung der Vorstellungen liegt die objective Wahrheit; nach dem andern
dagegen kann die Form eines Urtheils wol richtig sein, es
folgt daraus dann nur, dass es überhaupt eine Beziehung auf
Gegenstände haben müsse, nicht aber, dass diese Beziehung
eine richtige, eine in den Objecten selbst gegründete sei.
Ausdrücklich heisst es bei Kant:

> II. 238. „Daher sind Wahrheit sowol als Irrthum mit-
> hin auch der Schein als die Verleitung zum letzteren
> nur im Urtheile." Und:

II. 62. „Diese Kriterien (der Logik) betreffen nur die Form der Wahrheit, d. i. des Denkens überhaupt, und sind so ferne ganz richtig, aber nicht hinreichend. Denn obgleich eine Erkenntniss der logischen Form völlig gemäss sein möchte, d. i. sich selbst nicht widerspräche, so kann sie doch noch immer dem Gegenstande widersprechen."

Nirgends finde ich es klarer ausgesprochen, dass die blosse Form der Urtheile es ist, aus der die Kategorien herleitbar sind, und dass mithin die Kategorie nicht die Wahrheit des Urtheils bestimme, ja dass die rein formale Beziehung der Kategorie zum Urtheil die Bedingung für jede Möglichkeit der Ableitung sei, als in folgender Stelle der Kritik der reinen Vernunft.

II. 116. „Da gedachte, blos formale Logik von allem Inhalte der Erkenntniss (ob sie rein oder empirisch sei) abstrahirt und sich blos mit der Form des Denkens (der discursiven Erkenntniss) überhaupt beschäftigt: so kann sie in ihrem analytischen Theile auch den Canon für die Vernunft mit befassen, deren Form ihre sichere Vorschrift hat, die, ohne die besondere Natur der dabei gebrauchten Erkenntniss in Betracht zu ziehen, a priori, durch blosse Zergliederung der Vernunfthandlungen in ihre Momente, eingesehen werden kann."

Wenn also durch die Beziehung der Urtheile auf die Einheit der transscendentalen Apperception nichts über den Zusammenhang zwischen formaler und materialer Wahrheit derselben ausgemacht war, so war dagegen festgesetzt, dass nur diejenige Vorstellungsverknüpfung die Form eines Urtheils annehmen, d. h. durch die Kategorie gewirkt sein kann, welche eine Beziehung auf Gegenstände enthält; dass ferner auch jede Vorstellungsverknüpfung mit der Form des Urtheils zugleich eine gegenständliche Bedeutung erhalte, dass endlich eine Vorstellungsverknüpfung sich nur auf Gegenstände beziehen könne, sofern sie die Form eines

Urtheils hat. Diese drei Bestimmungen sind keineswegs gleichwerthig, vielmehr bilden sie erst in ihrer Zusammengehörigkeit den Ausdruck der Behauptung, dass Form des Urtheils und Beziehung desselben auf den Gegenstand als zwei Seiten derselben Sache unzertrennlich verbunden sind. Ist diese Behauptung Kants richtig, so muss sich nachweisen lassen, dass alle die Sätze, welche die Form eines Urtheils haben, zugleich eine gegenständliche Beziehung enthalten, dass es ferner nur diese Sätze sind, in denen uns ein Gegenstand gegeben werden kann, dass es endlich ausser Urtheilen entweder gar keine Vorstellungsverknüpfung giebt, sofern alle unsere Vorstellungsverknüpfungen objectiv sind, oder dass, wenn es andere Arten der Verknüpfung von Vorstellungen giebt, als die objective, diese zum Ausdruck kommen müssen und nur zum Ausdruck kommen können in den Sätzen, deren Form in der Reihe der Urtheilsformen nicht enthalten ist.

Ehe wir zur Prüfung dieser Folgerungen, die zugleich eine Prüfung der Kantschen Urtheilslehre ist, übergehen, muss der Begriff der Vorstellungsverknüpfung kurz erörtert werden, denn die ungenaue Fassung desselben ist Ursache eines Widerspruchs in Kants Lehre geworden, der sie ganz aus den Fugen zu heben geeignet ist und nicht einfach aufgeklärt werden kann, sondern nur durch Ausmerzung gewisser Anschauungen zu beseitigen ist: ich meine den Widerspruch, in den die oben entwickelte Auffassung des Urtheils mit Kants Lehre von den Wahrnehmungsurtheilen tritt.

„Verknüpfung von Vorstellungen," heisst es (II. 760), „ist die Synthesis des Mannigfaltigen, soferne es nothwendig zu einander gehört, wie z. B. das Accidenz zu irgend einer Substanz oder die Wirkung zu einer Ursache, mithin auch als ungleichartig, doch a priori verbunden vorgestellt wird, welche Verbindung, weil sie nicht willkürlich ist, ich darum dynamisch nenne, weil sie die Verbindung des Daseins des Mannigfaltigen betrifft." Damit ist jede Verknüpfung von Vorstellungen objectiv giltig, und es giebt

keine andere Art der Verknüpfung, als nur am Gegenstande.
Die Verknüpfung der Vorstellungen steht gegenüber der
„Zusammensetzung", d. i. der Synthesis des Mannigfaltigen,
was nicht nothwendig zu einander gehört;" die Wirksamkeit der letzteren scheint sich in der Mathematik und hier
insbesondere in ihren Hilfsconstructionen zu begrenzen. Verknüpfung und Zusammensetzung stehen aber gemeinsam als
„Verbindung" von Vorstellungen gegenüber der Association
der Vorstellungen. Während wir in der ersteren immer
den mehr oder weniger straff gespannten Zügel einer Verstandesthätigkeit erkennen, haben wir in der Association
der Vorstellungen einen Vorstellungsverlauf, der wol an
Gesetze, aber nicht an Normen gebunden ist, nämlich den
causalen Zusammenhang der Thätigkeit unseres inneren
Sinnes.

    „Die Reproduction derselben (der Vorstellungen)
muss eine Regel haben, nach welcher eine Vorstellung vielmehr mit dieser, als einer anderen in
der Einbildungskraft in Verbindung tritt, diesen
subjectiven und empirischen Grund der Reproduction nach Regeln nennt man die Association
der Vorstellungen."

Sie heisst subjectiv, objectlos, weil sie ausser Zusammenhang mit jeder Verstandeshandlung, mit der Einheit der
Apperception keinen Gegenstand erhalten kann, sie heisst
empirisch, weil sie, durch keine Formen unserer „Gemüths-
kräfte" bestimmt, zu den Erscheinungen des inneren Sinnes
gehört und nur in diesem aufweisbar ist. In demselben
Sinne heisst es II. 591:

    „Die Association, die blos in der nachbilden-
den Einbildungskraft angetroffen wird und nur
zufällige, gar nicht objective Verbindungen, darstellen kann."

Während wir in der Verknüpfung der Vorstellungen
ein actives Element, die Hand einer durch Normen ge-
regelten Willkür einer Spontaneität erkennen, sehen wir

in der Association der Vorstellungen nichts, was auf eine
Selbstthätigkeit des Vorstellenden hinwiese, wir haben den
unaufhaltsamen Fortschritt einer fremden Gesetzmässigkeit.
Dabei muss eines hinzugefügt werden: sobald man wie in
den vorhergehenden Worten irgend einen Versuch macht, die
Association zu definiren oder gar ihre Gründe aufzusuchen,
d. i. sie als Thätigkeit des inneren Sinnes fasst und nach
psychologischen Gesetzen erklären will, so tritt sie in die
Reihe der Verknüpfungen ein, d. h. die Vorstellung der Association überhaupt oder auch einzelne associirte Vorstellungen
können objectivirt werden. Damit löst sich aber nicht der
innere Unterschied zwischen beiden Arten des Zusammenhangs von Vorstellungen auf: ebenso gut als ich die Vorstellung einer Verknüpfung überhaupt einmal durch Association erhalten kann, ebenso wol kann ich die Vorstellung
der Association überhaupt in eine objective Verknüpfung
zu anderen bringen; deshalb bleibt die erstere immer eine
passive, die letztere eine active Zusammengehörigkeit von
Vorstellungen, und nur die Ideen dieser beiden Arten des
Zusammenhangs tauschen ihre Stelle.

Eine Verknüpfung von Vorstellungen geht also unter
allen Umständen auf Gegenstände, d. h. da jeder Gegenstand nur bestimmt wird durch eine Function der Einheit
der transcendentalen Apperception, so ist das transcenden-
tale Bewusstsein der Boden, auf dem sich alle Vorstellungsverknüpfungen vollziehen. Dem steht nun nach Kant
keineswegs das empirische Bewusstsein als dasjenige gegenüber, in dem der Verlauf der associirten Vorstellungen
sich vollzöge. Vielmehr heisst es ausdrücklich:

II. 761: „Alle Erscheinungen können also nicht anders
apprehendirt, d. i. ins empirische Bewusstsein aufgenommen werden, als durch die Synthesis des
Mannigfaltigen . . . d. i. durch die Zusammensetzung des Gleichartigen und das Bewusstsein
der synthetischen Einheit dieses Mannigfaltigen.“
Ebenso:

II. 755: „Da nun von der Synthesis der Apprehension
alle mögliche Wahrnehmung, sie selbst aber, diese
empirische Synthesis, von der transscendentalen,
mithin den Kategorien abhängt." Und:

II. 741. „Diese zeigt also an, dass das empirische
Bewusstsein eines gegebenen Mannigfaltigen einer
Anschauung ebensowol unter einem reinen Selbst-
bewusstsein a priori wie empirische Anschauung
unter einer rein sinnlichen, die gleichfalls a priori
Statt hat, stehe."

Und zwar muss die transscendantale Apperception deshalb der empirischen zu Grunde liegen, weil die empirische
Apperception das „Bewusstsein meiner selbst" (II. 99) ist,
und die Vorstellung des Ich nur in der transscendentalen
gegeben wird. (z. B. II. 717.) Da, wo ich also im empirischen Bewusstsein verschiedene Vorstellungen auf mein
empirisches Subject beziehe, da ist dieses bereits gedacht
als in Beziehung stehend zu anderen Einheitsacten der
transscendentalen Apperception, denn „das Bewusstsein
meines eigenen Daseins ist zugleich ein unmittelbares Bewusstsein des Daseins anderer Dinge ausser mir." (II. 773,
685.) Was die Materie in der äusseren Erscheinung der
Objecte und dem physischen äusseren Theil meines empirischen Subjects als Erscheinung leistet auf Grund der Kategorie der Substanz, dass sie ein Beharrliches giebt in dem
Fluss der Zeiten, ein einiges Subject zu Veränderungen,
das leistet das empirische Bewusstsein für den psychischen
inneren Theil meines empirischen Subjects: sie giebt das
einige Subject, zu dem „alle Empfindungen als Modificationen
seines Zustandes gehören". Das empirische Bewusstsein
steht also in demselben Verhältniss der Botmässigkeit zum
transscendentalen wie alle Vorstellungen von Objecten überhaupt. Wenn ich, wie oben bemerkt, die Association mir
vorstellig machen will, so kann ich dies nur, wenn ich sie
auf den inneren Sinn und damit auf mein empirisches Bewusstsein beziehe; und sofern ich ihren Gesetzen nach-

spüre, führe ich sie in die causale Verknüpfung der Erfahrungsobjecte ein. Dagegen kann der Ablauf der Association ganz unabhängig von meinem empirischen Bewusstsein sich vollziehen, die Gesetze der associirten Vorstellungen sind dieselben, ob ich diese in der transscendentalen Einheit meiner Apperception zu einem empirischen Bewusstsein vereinige oder nicht. Deshalb ist das empirische Bewusstsein bei Kant zu trennen von dem psychologischen [welches letztere kein Bewusstsein seiner selbst ist], wenn es auch an einzelnen Stellen in einer freieren Ausdrucksweise für das letztere gebraucht wird. (II. 733, 762.) Das psychologische Bewusstsein ist die Sphäre der Vorstellungsassociation, das empirische diejenige der Verknüpfung am Subject, das transscendentale die Sphäre jeder Verknüpfung. Nach diesen Ausführungen scheint die Lehre von der Gleichheit der Objectivirungsprocesse in der Beziehung der Empfindungen auf das Subject als dessen Modification und in der Beziehung derselben auf das Object als dessen Eigenschaft durchaus im Sinne Kants und in voller Uebereinstimmung mit all' seinen Anschauungen zu sein. Trotzdem kann es selbst in den kantfeindlichen Ansichten über das Wesen der gegenständlichen Beziehung nichts geben, was dieser Lehre offener ins Gesicht schlüge, als seine eigenen Ausführungen über das Wahrnehmungsurtheil.

In doppelter Bedeutung erscheint bei Kant das Wort „Wahrnehmung". Es steht in vereinzelten Fällen geradezu für Anschauung, Einzelvorstellung, empirische Vorstellung des Gegenstandes, Erfahrungsvorstellung. In diesem Sinne heisst es, die Wahrnehmung sei die „Synthesis der Apprehension" (II. 754), die „Bestimmung der Apperception" (II. 295), das „empirische Bewusstsein der Synthesis der Apprehension" (II. 635), sie müsse mithin „der Kategorie der Synthesis des Gleichartigen überhaupt, d. i. der Kategorie der Quantität durchaus gemäss sein" (II. 754). Ich rechne hieher auch diejenigen Stellen, in denen die Wahrnehmung erklärt wird als „Empfindung auf einen Gegenstand über-

haupt, ohne diesen zu bestimmen, angewandt" (II. 299), als
die „Wirklichkeit einer empirischen Vorstellung" (II. 390),
als „mit Empfindung begleitete Vorstellung" (II. 743); denn
in den beiden ersten Definitionen ist sicher, in der dritten
wahrscheinlich schon an die Berührung mit der Kategorie
gedacht. Dem entgegen steht die Bedeutung, in der die
Wahrnehmung fast an allen übrigen Stellen der Kritik der
reinen Vernunft auftritt. Wahrnehmung, heisst es, ist Vorstellung mit Bewusstsein (I. 393), wo Vorstellung (reprae-
sentatio) nicht als die „Gattung überhaupt" (II. 258), sondern
als niedrigste Stufe der „Vorstellungsgrade" (I. 393), d. i.
also wol als Empfindung gefasst ist; sie ist „Bewusstsein mit Empfindung" (II. 762), sie ist „nur das Bewusstsein dessen was unserer Sinnlichkeit anhängt" (II. 302)
sie „lässt das objective Verhältniss der einander folgenden
Erscheinungen unbestimmt" (II. 769), sie ist „dasjenige, wodurch der Stoff, um Gegenstände der sinnlichen Anschauung
zu denken, zuerst gegeben sein muss" (II. 294), sie heisst
deshalb auch „unbestimmte empirische Anschauung" (II. 798)
und „empirische Anschauung überhaupt" (II. 155); es wird
ausdrücklich hervorgehoben, dass „kein reiner Verstandesbegriff in ihr liege" (II. 769). Die angeführten Stellen werden darthun, dass in dieser letzteren Bedeutung das Bewusstsein, welches als charakteristisches Element der Wahrnehmung gegenüber der einfachen Empfindung hervorgehoben wird, nicht das empirische Bewusstsein, d. i. das
Bewusstsein der Identität meiner selbst in der Zeit als
empirischen Subjects sein könne, denn dieses letztere ist
ohne Kategorien gar nicht denkbar, dass wir es vielmehr
mit dem psychologischen Bewusstsein, mit demjenigen zu
thun haben, das eine „Schwelle" und eine „Höhe" hat, mit
demselben, in dem die associirten Vorstellungen ablaufen. Sofern ich ein psychologisches Bewusstsein habe, habe ich
Wahrnehmungen, habe ich Vorstellungsassociationen, aber
im einen wie im andern Falle fehlt die Beziehung derselben auf meinen inneren Sinn als seine Thätigkeits-

äusserungen, denn diese kann nur in einem empirischen Bewusstsein gegeben werden, dessen Möglichkeit auf einem transscendentalen ruht. Wahrnehmungen also werden durch Beziehung auf den inneren Sinn ihres eigentlichen Charakters entkleidet, in gegenständliche Vorstellungen, d. i. in Modificationen des Subjects verwandelt und als solche zugehörig betrachtet zu einem empirischen Bewusstsein, das nicht die nothwendige Vorbedingung ihrer Existenz ist.

In der zweiten Bedeutung erscheint Wahrnehmung überall da, wo sie im Gegensatz zur Erfahrung gebraucht wird, z. B. in der Ausführung der zweiten Analogie (II. 162 bis 178). In der .Erfahrung ist Verknüpfung, in der Wahrnehmung nur ein „Spiel der Vorstellungen" (II. 165). Diese, wie ich glaube, unangreifbare Anschauung ist Ursache folgenden Irrthums bei Kant geworden: Weil alle meine Wahrnehmungen gar keine Beziehung auf Gegenstände haben, mithin an und für sich zur Erkenntniss gar nichts beisteuern, so ist die Betrachtung derselben nur als meiner Wahrnehmungen, nur sofern sie associirt in meinem Bewusstsein existiren, ganz abgesehen von jeder Beziehung, die sie späterhin auf Gegenstände bekommen mögen, selbst nur ein „Spiel von Vorstellungen", keine Verknüpfung, und die Sätze, in denen dieselbe zum Ausdruck kommt, sind die Wahrnehmungsurtheile. Ich schliesse mich hier den Durchführungen der Prolegomena an, die viel gründlicher sind, als diejenigen der Kritik der reinen Vernunft, und werde die letztere nur bei Gelegenheit zum Zeichen der Uebereinstimmung beider Schriften heranziehen.

III. 57. „Wir müssen denn also zuerst bemerken, dass, obgleich alle Erfahrungsurtheile empirisch sind, d. i. ihren Grund in der unmittelbaren Wahrnehmung der Sinne haben, dennoch nicht umgekehrt alle empirischen Urtheile darum Erfahrungsurtheile sind, sondern dass über das Empirische und überhaupt über das der sinnlichen Anschauung Gegebene noch besondere Begriffe hinzukommen müssen, die ihren Ursprung gänzlich a priori im reinen Verstande haben,

unter die jede Wahrnehmung aller erst subsumirt
und dann vermittelst derselben in Erfahrung kann
verwandelt werden."

„Empirische Urtheile, soferne sie objective Giltigkeit haben, sind Erfahrungsurtheile; die aber, welche
nur subjectiv giltig sind, nenne ich blosse Wahrnehmungsurtheile. Die letzteren bedürfen keines
reinen Verstandesbegriffs, sondern nur der logischen
Verknüpfung der Wahrnehmung in einem denkenden
Subject. Die ersteren aber erfordern jeder Zeit über
die Vorstellungen der sinnlichen Anschauung noch
besondere im Verstande ursprünglich erzeugte Begriffe, welche es eben machen, dass das Erfahrungsurtheil objectiv giltig ist."

Dass über das Empirische noch besondere Begriffe hinzukommen müssen, die ihren Ursprung gänzlich a priori im
Verstande haben, dies hatte die Kritik der reinen Vernunft
als die Bedingung jedes Urtheils hingestellt, es konnte
also nicht wol zum charakteristischen Merkmal einer besonderen Art der Urtheile einer anderen gegenüber erhoben
werden. Objectiv giltig musste jedes Urtheil sein, und
es konnte trotzdem subjectiv sein, sofern sein Object nicht
ein äusseres empirisches, sondern das empirische Subject war; subjectiv aber eben nur in dem einen Sinne, als
bezogen gedacht auf ein empirisches Bewusstsein. Sollte
durch die Bezeichnung „nur subjectiv" diese Beziehung ausgeschlossen werden, d. h. sollte in dem „nur subjectiv"
gesagt sein, dass ein ungeregeltes „Spiel von Vorstellungen"
in dem Wahrnehmungsurtheil zu Tage träte, dann konnte
es, sofern die das „Urtheil" constituirenden Vorstellungen
nur auf Grund dieser „zufälligen Verbindung" zusammen er-
schienen, kein Urtheil, sondern nur eine Association sein.
Und als solche „bedarf es" gewiss „keines reinen Verstandesbegriffes", vielmehr haben wir das psychologische Bewusstsein als das gemeinsame Band erkannt, durch das die
Producte einer gesetzmässig wirkenden Reproduction zu-

sammengehalten werden. Aber „die logische Verknüpfung
der Wahrnehmung in einem denkenden Subject" konnte es
nicht sein, welche Vorstellungen zu einem „Wahrnehmungsurtheil" zusammenfügte, denn „Verknüpfung" ist ja immer
„dynamische Verbindung", d. i. Verbindung des Daseins,
mithin immer giltig von Objecten; sie ist deshalb nur
möglich durch einen reinen Verstandesbegriff, insofern jedes
Dasein, jeder Gegenstand nur durch Beziehung auf die
transscendentale Apperception gegeben wird und erst durch
diese in einer Einheitsfunction, d. i. Kategorie eine Daseins-
weise erhält. Und nun gar „logische Verknüpfung". Diese
war es ja gerade, welche die Mittel zur Herleitung aller Ver-
knüpfungsformen darbieten sollte, weil sie immer und unter
allen Umständen nur möglich ist durch einen Verstandesbegriff: alle Verknüpfung ist logische, denn sofern Verknüpfung nur möglich ist durch die Kategorie, so muss jede
Verknüpfung eine der Formen annehmen, welche durch die
Kategorie dictirt werden. Und „Verknüpfung in einem
denkenden Subject". Dieses Subject kann entweder gedacht
werden als von mir getrennt, als ausser mir, oder es kann
als mein eigenes Subject gedacht werden. Im ersten Falle
ist das denkende Subject Object meines eigenen Gedankens;
in allen Fällen aber kann die Vorstellung des „denkenden
Subjects" doch nur durch eine Einheit in der Synthesis der
Vorstellungen „Denken" und „Subject", d. i. nur durch eine
transscendentale Apperception gegeben sein.

Es heisst weiter:

III. S. 58. „Alle unsere Urtheile sind zuerst blos
Wahrnehmungsurtheile, sie gelten blos für uns,
d. i. für unser Subject, und nur hintennach geben
wir ihnen eine neue Beziehung, nämlich auf ein
Object, und wollen, dass es auch für uns jederzeit
und ebenso für Jedermann giltig sein solle; denn
wenn ein Urtheil mit einem Gegenstande überein-
stimmt, so müssen alle Urtheile über denselben
Gegenstand auch unter einander übereinstimmen,

und so bedeutet die objective Giltigkeit des Er-
fahrungsurtheils nichts Anderes, als die nothwendige Allgemeingiltigkeit desselben."

Die erste Behauptung ist unwiderleglich, wenn unter
Wahrnehmungsurtheil nur Association verstanden werden
soll, denn ohne dass die Vorstellungen durch irgend
eine psychische Gesetzmässigkeit im Bewusstsein existiren,
können sie niemals verknüpft werden; die Association ist
also die psychologische Vorbedingung der Verknüpfung.
Soll aber unter „Wahrnehmungsurtheil" verstanden sein
dasjenige, durch das ich zwei Vorstellungen zunächst ohne
Beziehung auf ein äusseres Object als an meinem empirischen Subject vereinigt erkenne, so ist dieselbe Behauptung mehr als zweifelhaft und gehört überdies in das Ge-
biet der Psychologie. Dass ich alle Wahrnehmungen in
letzter Instanz nur in einem transscendentalen Bewusstsein
vereinigen könne, wird hier vorausgesetzt; ob ich dieselben aber zuerst an meinem empirischen Subject als dessen
Wahrnehmungen und nicht vielmehr sofort an äusseren
Gegenständen verknüpfe, dies wird mindestens dahingestellt bleiben müssen. Wenn Laas (Analogien S. 98) hier
anknüpft:

„Gewiss! denn es giebt zuerst für uns nichts
weiter als Wahrnehmungen . . . . sie sind das ursprünglich Gegebene als solches unmittelbar sicher
und gewiss."

so ist, abgesehen davon, dass das ursprünglich Gegebene
als solches gar keine Sicherheit und Gewissheit hat, nur
festgestellt, dass wir Wahrnehmungen, nicht dass wir Wahrnehmungsurtheile vor den Erfahrungsurtheilen haben. —
Was die „Allgemeingiltigkeit" der subjectiven Urtheile gegenüber den objectiven anlangt, durch deren Verschiedenheit der Schein einer Berechtigung zur erkenntnisstheoretischen Trennung dieser Urtheile entstehen kann, so sei
bemerkt, dass dieselbe in beiden durchaus gleich ist. Ob
ich sage: „ich empfinde Kälte," oder ob ich dasselbe von

einem Andern aussage, oder ob ich sage: „dieser Stein ist
schwer," in allen Fällen haben meine Aussagen den gleichen
Anspruch auf Allgemeingiltigkeit, sofern dieselbe in der
eigenthümlichen Verknüpfung der Vorstellungen liegt. Nicht
als ob die ausgesprochene Thatsache meiner ‚Empfindung,
als einer auf mein Subject bezogenen, die Giltigkeit eines
apriorischen Satzes hätte; in dem Sinne sind Allgemeingiltigkeit und Nothwendigkeit überhaupt in keinem Er-
fahrungssatze enthalten, denn die Vorstellungen im Erfahrungsurtheil „gehören nicht in der empirischen Anschauung nothwendig zu einander, sondern sie gehören
vermöge der nothwendigen Einheit der Apperception in
der Synthesis der Anschauungen zu einander, d. i. nach
Principien der objectiven Bestimmung aller Vorstellungen,
soferne daraus Erkenntniss werden kann, welche Principien alle aus dem Grundsatze der transscendentalen Einheit der Apperception abgeleitet sind". (II. 739.) Nur in
diesem Sinne wird verständlich, wie die „nothwendigen
und allgemein giltigen" Erfahrungsurtheile doch nie mehr
als comparative Allgemeinheit liefern können; die Art und
der Grad der Giltigkeit sind aber in subjectiven und objectiven Erfahrungsurtheilen gleich. Wenn es für ein Kri-
terium einer allgemeingiltigen Verstandesvorstellung gilt,
dass derjenige, der sie nicht besässe, in die Reihe der „un-
vernünftigen" Wesen gezählt werden müsste, so sei mit
Rücksicht auf die Giltigkeit subjectiver Erfahrungsurtheile
bemerkt, dass Denjenigen kein besseres Schicksal erwarten
dürfte, der es unternähme, mit einem Menschen darüber
zu disputiren, ob ihn friere oder nicht, es sei denn auf
Grund ganz entwickelter Erfahrungen; und doch können
die letzteren als nur comparativ giltig selbst in ihrer
grössten Vollendung keinen Entscheid bringen. Der Grund
liegt darin, dass die Empfindung eben nur „subjectiv" ist,
d. h. dass wir ihre Verknüpfung mit dem Subject nothwendig setzen.

Kant fährt fort:

III. 59. „Wir wollen dieses erläutern: dass das Zimmer warm, der Zucker süss, der Wermuth widrig
sei, sind blos subjectiv giltige Urtheile. Ich ver-
lange gar nicht, dass ich es jeder Zeit, oder jeder
Andere es ebenso wie ich finden soll; sie drücken
nur eine Beziehung zweier Empfindungen auf dasselbe Subject, nämlich mich selbst und auch nur
in meinem jedesmaligen Zustande der Wahrnehmung aus und sollen daher auch nicht vom Objecte gelten; dergleichen nenne ich Wahrnehmungsurtheile."

Zunächst finde ich in diesen drei Urtheilen nichts, was
eine Beziehung „zweier" Empfindungen auf dasselbe „Subject" ausdrückte, denn erstlich kenne ich die Empfindung
nicht, welche objectivirt die Vorstellungen „Zimmer", „Zucker"
und „Wermuth" giebt, glaube vielmehr, dass hier überall
Empfindungsreihen objectivirt vorliegen, in denen die Empfindungen „warm", „süss", „widrig" fehlen müssen, da die
obigen Urtheile synthetische sein sollen; noch viel weniger
finde ich darin etwas von „einem diesmaligen Zustande der
Wahrnehmung", vielmehr sind die Urtheile ganz unabhängig
von jeder Zeitbestimmung formulirt. Dagegen sind dieselben
alle giltig von Objecten; wenn es überhaupt Erfahrungsobjecte giebt, so gehören Zimmer, Zucker und Wermuth
dazu, und es liegt schon hier die Vermuthung nahe, die
durch die folgende Anmerkung zur Gewissheit wird, dass
die Beispiele unglücklich gewählt seien und nicht eigentlich das treffen, was Kant unter Wahrnehmungsurtheil
verstanden wissen will.

Die Anmerkung lautet:

„Ich gestehe gern, dass diese Beispiele nicht
solche Wahrnehmungsurtheile vorstellen, die jemals
Erfahrungsurtheile werden könnten, wenn man
auch einen Verstandesbegriff hinzuthäte, weil sie
sich blos aufs Gefühl, welches Jedermann als blos
subjectiv erkennt, und welches also niemals dem

Object beigelegt werden darf, beziehen und also
auch niemals objectiv werden können."
Dass wird Jeder zugestehen, dass diese Sätze, wenn sie
noch nicht Erfahrungsurtheile sind, es auch niemals werden
können. Sie erscheinen alle drei in der Form eines Urtheils, und
zwar eines kategorischen, jeder von ihnen hat ein empirisches Object, das ganz losgelöst von allem subjectiven Zusammenhang vorstellig gemacht ist, mithin ist in jedem von
ihnen bereits die Kategorie wirksam gewesen. Wenn sie
also trotzdem nicht Erfahrungsurtheile sein sollen, so ist
auch durch das „Hinzuthun eines Verstandesbegriffs" nichts
mehr von ihnen zu hoffen, denn derselbe hat in seiner
ersten Wirksamkeit die ihm charakteristische Leistung nicht
zu erfüllen vermocht. Das Argument, das Kant dafür giebt,
dass diese Urtheile niemals Erfahrungsurtheile werden
können, ist unrichtig und in hohem Maasse gekünstelt. Von
den drei Sätzen geht nur der dritte aufs Gefühl, die beiden
anderen auf die Empfindung; und wenn auch die letztere
„Jedermann als blos subjectiv erkennt", so darf sie doch
nicht nur dem Object beigelegt werden, sondern sie ist
vielmehr das Einzige, was in der Erfahrung einem Object
als Eigenschaft beigelegt werden kann. Mit dem Gefühl
ist es nicht anders. Allerdings wird das Gefühl nicht
äusseren Objecten, sondern in einem entwickelten philosophischen Bewusstsein immer nur dem empirischen Subject
als Modification beigelegt; deshalb ist der Satz: der Wermuth ist widrig, als Wahrnehmungsurtheil, wie als Erfahrungsurtheil gleich incorrect und steht in laxer Ausdrucksweise für: der Wermuth ist mir widrig. In dieser Form
aber zeigt er, dass das Gefühl, als zum Subject gerechnet,
doch zu einer Erfahrung tauglich sei, insofern er eine nur
durch Erfahrung feststellbare Beziehung zwischen meinem
empirischen Subject und dem Object, das ich Wermuth
nenne, ausdrückt, und liefert damit eine Bestätigung des
Satzes der Kritik der reinen Vernunft: „Das Bewusstsein
meines eigenen Daseins ist zugleich ein unmittelbares

Bewusstsein des Daseins anderer Dinge ausser mir." (II. 773.)

Ich glaube, dass man das Ungenügende dieser Beispiele kennzeichnen muss, halte es aber für ungerechtfertigt, an ihnen die Kritik der Lehre vom Wahrnehmungsurtheil überhaupt zu üben, wie dies Spicker[1]) gethan, weil sie das Wesentliche dieser Lehre nicht treffen und im Verlauf der Kantschen Erörterungen durch ein besseres Beispiel ersetzt werden. Kant hatte überdies nicht gesagt, dass alle Wahrnehmungsurtheile nur aufs Gefühl gehen, sondern dies als eine Eigenthümlichkeit der drei oben erwähnten hingestellt; es durfte mithin aus seiner Behauptung, dass alle Erfahrungsurtheile zuerst Wahrnehmungsurtheile seien, nicht geschlossen werden, dass es gar keine Erfahrungsurtheile geben könne, weil das Gefühl niemals dem Object beigelegt werden dürfe.

Ueber das Princip des Unterschiedes zwischen Wahrnehmungs- und Erfahrungsurtheilen erhalten wir weiter folgenden Aufschluss:

III. 60. „Dieses Urtheilen (das blos dem Verstande zukommt) kann nun zwiefach sein: erstlich indem ich blos die Wahrnehmungen vergleiche und in einem Bewusstsein meines Zustandes, oder zweitens, da ich sie in einem Bewusstsein überhaupt verbinde. Das erstere Urtheil ist blos ein Wahrnehmungsurtheil und hat so ferne nur subjective Giltigkeit; es ist blos Verknüpfung der Wahrnehmungen in meinem Gemüthszustande ohne Beziehung auf den Gegenstand."

Die Widersprüche häufen sich hier. Alle Urtheile, lehrte die Kritik der reinen Vernunft, sind Functionen der Einheit unter unseren Vorstellungen (II. 70), und dabei ist es ganz gleichgiltig, ob ich mir die Einheit in meinem empirischen Bewusstsein, d. i. im Bewusstsein meines Zustandes, oder in einem Bewusstsein überhaupt, d. h. vermittelst der trans-

---

[1]) Kant, Hume und Berkeley. Berlin 1875. S. 152.

scendentalen Apperception an einem Gegenstande gegeben denke, denn die Beziehung auf das Bewusstsein meines Zustandes ist nur möglich durch die Beziehung auf ein Bewusstsein überhaupt, wie ebenfalls die Kritik einschärft (II. 741, 755, 761). Verknüpfung ohne Beziehung auf den Gegenstand ist aber undenkbar (II. 760), mindestens muss die Einheit meines Gemüthszustandes der Gegenstand der Verknüpfung sein.

Alle Bestimmungen also, die wir hier vom Wahrnehmungsurtheil erhalten, sind solche, die zugleich Bestimmungen des Urtheils überhaupt sind, mithin nicht eine Klasse der Urtheile von einer andern abscheiden können. Wenn wir also wieder und wieder darauf hingewiesen werden, dass im Erfahrungsurtheil zum Wahrnehmungsurtheil ein reiner Verstandesbegriff hinzukomme, wodurch dieses Urtheil der Form nach bestimmt und in einem Bewusstsein überhaupt verknüpft werde, so kann darin unmöglich ein charakteristischer Unterschied gefunden werden. Dagegen geben die Beispiele, welche in den Prolegomenen sowol, als in der Kritik der reinen Vernunft von solchen Wahrnehmungsurtheilen gegeben werden, die in Erfahrungsurtheile übergeführt werden können, einen Anhalt, den Unterschied der beiden getrennten Urtheilsarten nicht sowol in dem Hinzutreten der Kategorie überhaupt, als vielmehr in der Unterordnung des Urtheils unter eine bestimmte Kategorie, nämlich die der Causalität, zu suchen. Ueberall da, wo an einem Beispiele ausgeführt wird, wie aus dem Wahrnehmungsurtheil ein Erfahrungsurtheil werde, überall ist die Causalität der deus ex machina, der hinüberhilft. Dies wird besonders deutlich an folgendem Beispiel:

III. 62. Anm. „Wenn die Sonne den Stein bescheint, so wird er warm. Dieses Urtheil ist ein blosses Wahrnehmungsurtheil und enthält keine Nothwendigkeit, ich mag dieses noch so oft und Andere auch noch so oft wahrgenommen haben; die Wahrnehmungen finden sich nur gewöhnlich so verbunden. Sage ich

aber: Die Sonne erwärmt den Stein, so kommt über
die Wahrnehmung noch der Verstandesbegriff der
Ursache hinzu, der mit dem Begriff des Sonnen-
scheins den der Wärme nothwendig verknüpft, und
das synthetische Urtheil wird nothwendig allgemein-
giltig, folglich objectiv und aus einer Wahrnehmung
in Erfahrung verwandelt."[1])
In diesem Beispiele zeigt sich der Unterschied zwischen
Erfahrungs- und Wahrnehmungsurtheil von einer neuen
Seite. Dass ein Unterschied zwischen den beiden Sätzen
bestehe, ist zweifellos, wenn man den ersten Satz nur
richtig versteht. Derselbe soll im Sinne Kants nichts weiter
aussagen, als dass die Wahrnehmungen des Scheines der
Sonne und diejenige der Wärme des Steines einmal oder
auch öfter in meinem Bewusstsein zusammen gewesen seien,
und es ist gewiss ein Unterschied, ob ich die Thatsache
constatire, dass zwei Vorstellungen gleichzeitig in mir seien,
oder ob ich die eine als Wirkung auf die andere als Ursache beziehe: in dem einen Falle finden sich die Wahrnehmungen eben „nur so verbunden", in dem zweiten nothwendig verknüpft. Deshalb ist es irrig, wenn Spicker sagt:
„Das wäre also der ganze Process, um Zufälligkeit in Nothwendigkeit zu verwandeln. Aus einem hypothetischen Urtheil mache ich ein kategorisches, und damit verwandele
ich ein Wahrnehmungsurtheil in ein Erfahrungsurtheil."

---

[1]) Kant, Logik III. 296. Anm. „Ein Urtheil aus blossen Wahrnehmungen ist nicht wol möglich als dadurch, dass ich
   meine Vorstellung als Wahrnehmung aussage: ich, der ich
   einen Thurm wahrnehme, nehme an ihm die rothe Farbe
   wahr. Ich kann aber nicht sagen, er ist roth. Denn dieses
   wäre nicht blos ein empirisches, sondern auch ein Erfahrungsurtheil, d. i. ein empirisches Urtheil, dadurch ich einen Begriff vom Object bekomme."
Hier wo die Vermittlung durch den Substanzbegriff versucht ist,
zeigt sich der gemachte Unterschied hinsichtlich der gegenständlichen
Bedeutung der beiden Urtheilsarten ganz hinfällig.

Keineswegs. Im Sinne Kants wäre dies schon deshalb
widersinnig, weil die Form des hypothetischen Urtheils nur
durch die Causalität gegeben wird. Auch glaube ich nicht,
dass in der Fassung des ersten Satzes das „wenn" con-
ditional zu verstehen sei, vielmehr bedeutet es so viel als
„wann", oder „so oft als", es enthält nur die Bestimmung,
dass in meinem Bewusstsein die verknüpften Vorstellungen
sich „gewöhnlich", d. i. öfter in der Zeit „so verbunden
finden". Ferner ist aber die hypothetische Form für das
Urtheil ganz gleichgiltig, es ist unschwer, demselben jede
andere, auch die kategorische, zu geben. Wenn ich z. B.
sage: das Leuchten der Sonne und die Wärme des Steines
finden sich in meinem Bewusstsein als Wahrnehmungen zusammen, so habe ich denselben Inhalt noch klarer in anderer Form. Also darin liegt der Unterschied nicht. Er
liegt ohne Zweifel, wie Kant angiebt, in dem Eintreten der
causalen Beziehung. Doch erheben sich auch hier nicht zu
beseitigende Bedenken gegen den principiellen durchgreifen-
fenden Unterschied, den Kant auf Grund dieses Eintretens
der Kategorie der Verursachung statuirte. Zunächst sind
in der Fassung, welche Kant dem Wahrnehmungsurtheil
gab, mehrere Anwendungen der Kategorien erweislich.
Erstens diejenige, durch welche die Empfindung der Hel-
ligkeit als von der Sonne gewirkt gefasst wird, ferner diejenige, welche die Wärme zu einer Eigenschaft des Steines
macht, endlich diejenige, durch welche diese beiden Einheiten in der Einheit meines Bewusstseins vereinigt werden.
Die erste dieser Kategorien ist selbst die Causalität, und
schon deshalb ist auch dieses Beispiel nicht glücklich gewählt, in den beiden anderen „objectiven Einheiten" begegnet
uns die Kategorie der Substanz als das Princip derselben.
Ich glaube nun, dass die Causalität durch eine zweckmässige
sprachliche Form ganz aus dem Urtheil entfernt werden
könne, dass ebenso die Kategorie der Substanz in den
beiden zu verbindenden Einheiten weniger deutlich hervor-
zuleuchten brauche, dass man also dem von Kant gewählten

Beispiele eine Form geben könne, durch welche dasselbe
demjenigen näher gebracht wird, was Kant eigentlich
unter Wahrnehmungsurtheil verstanden wissen will. Wenn
man sagt: die Wahrnehmung eines Hellen und Warmen ist
„gewöhnlich" verbunden mit der Wahrnehmung eines Gelben, Runden (Sonne) und eines Grauen, Harten (Stein), so
hat man die Causalität eliminirt und nur die einzelnen allerdings objectivirten Empfindungen behalten. Schaltet man
nun den zweiten Theil des Satzes aus, weil der ganze einer
doppelten Anwendung der Causalität bedarf, um in den
Satz: die Sonne erwärmt den Stein, übergeführt zu werden,
so behält man: die Wahrnehmung eines Hellen ist gemeinhin verbunden mit der Wahrnehmung eines Gelben, Runden
(Sonne — die empirischen Prädicate, durch welche man
die Sonne hier bestimmen will, können natürlich beliebig
gewählt werden), und man wird nicht mehr leugnen, dass
dieser Satz ganz anderer Art ist, als derjenige: die Sonne
leuchtet. Soviel ich übersehe, ist dies die einfachste, die
prägnanteste Form, in der das Wahrnehmungsurtheil gefasst werden kann, es ist nicht elementarer, nicht „sinnli-
cher" zu gestalten, und wenn wir es auch in dieser Fassung
nicht bei Kant antreffen, so ist man doch wol auf Grund
seiner eigenen Bestimmungen berechtigt, diese Form als
die auch in seinem Sinne beste einer Prüfung zu Grunde
zu legen, um so mehr, als die Vorwürfe, die sich dem Urtheil in dieser Gestalt machen lassen, jede höhere Gestalt
desselben in weit höherem Grade treffen.

Von zwei Seiten nun ist auch diese Fassung des Wahrnehmungsurtheils angreifbar. Einmal ist das „Gelbe," „Runde,"
„Helle," das in dem Satze verbunden erscheint, nicht mehr
die Empfindung selbst, auch nicht die Wahrnehmung, sofern
diese nur Empfindung mit Bewusstsein ist, sondern es ist
mindestens schon das substantivirte Prädicat zu „irgend einem
möglichen Gegenstande", und damit ist es objectivirt. Mit
Rücksicht auf frühere Ausführungen darf ich wol hier den
Unterschied zwischen einer Empfindung und der Vorstellung

derselben, sofern sie Glied in einem Urtheil wird, als ausgemacht voraussetzen. Man mag dann den Empfindungsinhalt in eine sprachliche Form bringen, welche man will, man mag ihn sich ungesprochen, gedanklich vorführen nach allen Seiten hin; man wird immer über irgend eine Art der Objectivirung, über irgend eine Art der Wirksamkeit der Kategorie nicht fortkommen. Zum Zweiten aber — und dies ist das wichtigste Moment für eine Kritik des Wahrnehmungsurtheils — haben wir in der Verbindung der objectivirten Empfindungen die Thätigkeit der Kategorie in so augenfallender Weise, dass es wol unmöglich ist, dieselbe hier in Abrede zu stellen. Eines ist gewiss: das ist, dass die beiden Empfindungen gleichzeitig in mir vorhanden gewesen sind, damit sind sie bezogen gedacht auf ein empirisches Bewusstsein, und in dieser Beziehung treibt die transscendentale Apperception mit einer ihrer Kategorien nothwendig ihr Wesen. Wer das Wahrnehmungsurtheil im Sinne Kants retten will, der hat dieses Bedenken zu heben: er hat zu zeigen, wie eine Verknüpfung von Vorstellungen in meinem Bewusstsein als Bewusstsein meiner selbst anders vollzogen werden könne als durch die Kategorie; ich sehe nicht, wo die Lösung liegen soll. Wenn aber im Wahrnehmungsurtheil wie im Erfahrungsurtheil die Kategorie das Verbindende ist, so hat man aus erkenntnisstheoretischen Gründen kein Recht, eine Kategorie von allen anderen abzuzweigen, wenn sie auch in dem Fortgange der empirischen Erkenntniss die fruchtbarste ist: in der logischen Function, im Urtheil sind alle Kategorien gleichwerthig.

Man wende hiergegen nicht ein, das Wahrnehmungsurtheil könne nicht sprachlich gefasst werden, ohne dass man seiner innersten Natur Gewalt anthue. Dies wäre an sich wunderbar, denn was aus der Klarheit des Gedankens fliesst, kann auch in eine klare sprachliche Form gegossen werden. Zum Mindesten aber muss es doch gedacht werden können, denn ein Urtheil so ätherischer Natur, dass es sogar vor dem Anschauen des Gedankens zerfliesst, wird in der rauhen „Wirklichkeit" einer Erkenntnisstheorie keinen Anspruch auf

die Bezeichnung als Urtheil machen dürfen. Aber es ist auch
als frei von Kategorien vollkommen undenkbar, denn wenigstens muss die Vorstellung meines Ich darin stecken, es
müssen also wenigstens zwei Vorstellungen als zu meinem
Ich gehörig gedacht sein.

Was ist nun das Wahrnehmungsurtheil? Als unabhängig
von Kategorien kann es kein Urtheil, als Urtheil nicht unabhängig von Kategorien sein. Die Kritik der reinen Vernunft
macht noch einen Versuch hier fortzuhelfen:

II. 739. „Dadurch allein (durch die transscendentale
Apperception) wird aus diesem Verhältnisse ein Urtheil,
d. i. ein Verhältniss, das objectiv giltig ist und sich von
dem Verhältnisse ebenderselben Vorstellungen, worin
blos subjective Giltigkeit wäre z. B. nach Gesetzen der
Association, hinreichend unterscheidet. Nach den letzteren würde ich nur sagen können: wenn ich einen Körper trage, so fühle ich einen Druck der Schwere; aber
nicht: er, der Körper, ist schwer; welches so viel sagen
will als diese beiden Vorstellungen sind im Object, d. i.
ohne Unterschied des Zustandes des Subjects, verbunden
und nicht blos in der Wahrnehmung (so oft sie auch
wiederholt sein mag) beisammen."

Von dem Beispiele selbst gilt durchaus dasselbe, was
an dem letztcitirten des Breiteren ausgeführt worden ist;
nur ein einziger Punkt bedarf hier der besonderen Erwähnung. Während in den Prolegomenen das empirische
Bewusstsein der Tummelplatz der Wahrnehmungsurtheile
ist, ist es hier die Association, und damit hat die Sache
wieder eine andere, wenn auch keine günstigere Wendung
bekommen. Ich setze aus dem Vorigen voraus, dass der
Unterschied zwischen empirischem Bewusstsein und Association bei Kant zugestanden ist. Dann ist zu bemerken:
nach den Gesetzen der Association kann ich weder sagen,
dass ich das Gefühl der Schwere habe beim Tragen eines
Körpers, noch überhaupt irgend eine Aussage machen; durch
Association entstehen gar keine Sätze, viel weniger Urtheile.

Der hier als Wahrnehmungsurtheil hingestellte Satz ist nicht durch Association gegeben, sondern durch die Vorstellung der Association; und der Unterschied, der hierin liegt, ist ebenfalls bereits früher angedeutet worden. Ein Anderes ist die Association zweier Vorstellungen, ein Anderes meine Vorstellung dieser Association; diese ist nur in einem empirischen Bewusstsein möglich, mithin bleibt das letztere die gemeinsame Heimath aller der Urtheile, welche die subjective Beziehung der Vorstellungen zu ihrem Inhalte haben, welche vielleicht unter dem Titel der Wahrnehmungsurtheile von den Erfahrungsurtheilen abgezweigt werden können, von diesen letzteren aber nur durch ihren Gegenstand, nicht durch das Princip ihrer Entstehung, am allerwenigsten durch den Mangel einer Verknüpfung in reinen Verstandesbegriffen unterschieden sind.

Die Zergliederung des Begriffs des Wahrnehmungsurtheils hat den Grund seiner Lebensunfähigkeit mit hinlänglicher Klarheit vor Augen gelegt und die Epikrise lautet: durch den inneren Widerspruch eines von Kategorien freien Urtheils bricht die Existenz des Wahrnehmungsurtheils zusammen. Entweder man versteht darunter die Association der Vorstellungen selbst, und dann ist es so wenig ein Urtheil als irgend ein anderes Factum den Namen eines Urtheils erhalten kann; oder es ist eine Vorstellung der Association der Vorstellungen, dann ist es nur möglich durch Beziehung auf das empirische Bewusstsein, dann ist es ein Erfahrungsurtheil und der fingirte Gegensatz gegen das letztere fällt fort, dann hat es eine Beziehung auf einen Gegenstand, und zwar ist dieser Gegenstand das empirische Subject, dann ordnet es sich der Form nach den logischen Urtheilsverknüpfungen unter, dann ist es die Kategorie, welche in ihm die Form bestimmt, dann ist die transscendentale Apperception sein höchstes Princip — dann liegt aber kein erkenntnisstheoretischer Grund vor, es von dem Erfahrungsurtheile abzuzweigen, ihm neben diesem eine gesonderte Existenz zu geben.

Dieses Kants Urtheilslehre ganz verunstaltende Capitel von den Wahrnehmungsurtheilen schleppt sich durch die Darstellungen seiner Erkenntnisstheorie von Jahr zu Jahr, von Jahrzehnt zu Jahrzehnt fort; während man am besten gethan hätte, dasselbe ganz und gar aus dem System Kant- scher Anschauungen zu streichen, was sich leicht ausführen lässt, ohne dem System selbst irgend Gewalt anzuthun, hat man ihm in der Ableitung der Kategorienlehre immer einen Ehrenplatz eingeräumt; anstatt sich an die viel klarere und präcisere Fassung zu halten, welche die Deduction der Kategorien in der Kritik der reinen Vernunft erhält, hat man immer die Darstellung der Prolegomena mit hineinge- zogen, die auf der Unterscheidung der Wahrnehmungsurtheile von den Erfahrungsurtheilen ruht und deshalb schon in ihrem Princip verfehlt ist. Fischer, Cohen, Riehl schalten in der Wiedergabe der metaphysischen Deduction abweichend von der Kritik der reinen Vernunft die Erörterung des Wahrnehmungsurtheils ein und legen sie der Ableitung der Kategorien in der Art zu Grunde, dass sie sich der Frage- stellung der Prolegomena anschliessen: wie wird aus einem Wahrnehmungsurtheil ein Erfahrungsurtheil? Während die Kritik der reinen Vernunft gefragt hatte: wie wird aus Wahrnehmung Erfahrung, d. h. wie wird überhaupt ein Urtheil? Damit ist in die Darstellungen Kants ein Moment eingeführt, das Widerspruch und Zwietracht in das Innerste seiner Lehre bringt, zumal wenn nicht wie bei Riehl die reinere Form der Kritik der reinen Vernunft daneben ge- geben wird.

Fischers Darstellung der Lehre vom Wahrnehmungs- urtheil ist deshalb verunglückt, weil sie sich zu ihrer Ver- anschaulichung gerade der schlechtesten von Kant gewählten Beispiele bedient.

Es heisst bei ihm:

„Setzen wir den Fall, dass zwei Erscheinungen zufällig in uns zusammentreffen, dass sie sich in diesem Subjecte nach dessen vorübergehender Be-

schaffenheit, keineswegs in allen Subjecten verbin-
den, so ist klar, dass ihre Verknüpfung keineswegs
eine nothwendige und allgemeine, sondern lediglich
zufällig und particular ist. Ich urtheile z. B.: das
Zimmer ist warm, d. h. es wärmt mich, während
ein Anderer in demselben Zimmer die entgegen-
gesetzte Empfindung hat . . . Offenbar ist ein
solches Urtheil kein Erkenntniss wissenschaftlicher
Art." [1])

Zunächst sind es zwei ganz verschiedene Urtheile, ob
ich sage: das Zimmer ist warm, oder: das Zimmer wärmt
mich; im ersten Falle sage ich im Anschluss an gegründete Erfahrungen: dies Zimmer wärmt auch jeden Andern,
sofern er nicht „abnorm" oder „krank" ist, und es ist deshalb ein echtes nothwendiges und allgemeingiltiges Erfahrungsurtheil.

Im zweiten Falle spreche ich die Thatsache der Er-
wärmung nur für meine Person aus, aber auch hier mit
dem Anspruch, dass es Niemandem einfallen möge, zu behaupten, dass ich friere. Deshalb ist auch dieses ein Erfahrungsurtheil. Und doch soll es kein „Erkenntniss wissenschaftlicher Art" sein. Wie? Wenn ich daraus auf den
Contractionszustand meiner kleinsten Gefässe, oder auf
den Erregungszustand meiner Gefühlsnerven schliesse?
Welcher Art sind denn die Urtheile, aus denen der Arzt
auf krankhafte Zustände schliesst? Was leisten denn die
abnormen Sensationen? Liegen hier nicht überall Beispiele von Wahrnehmungsverknüpfungen ganz subjectiver
Natur vor, die doch zur Erfahrung, sogar zur wissenschaftlichen Erfahrung tauglich sind, und deren Tauglichkeit
durch die Richtigkeit der aus ihnen gezogenen Schlüsse
sehr objectiv, z. B. an dem Secirtisch bestätigt wird? Liegt
nicht gerade der Schwerpunkt dieser Erkenntnisse in der
„Verschiedenheit der Empfindungszustände der wahrneh-

---

1) Geschichte der neueren Philosophie, Bd. III, S. 355.

menden Subjecte"? Gerade weil andere Menschen anders
empfinden, und weil ich selbst zu anderen Zeiten anders
empfunden habe, deshalb ist das Urtheil als Erfahrungsurtheil so sehr werthvoll. Es ist also für den Werth als
Erkenntniss ganz gleich, ob ich sage: in diesem Zimmer
empfinde ich Wärme, oder, hier empfinden alle Menschen
Wärme; die zu ziehenden Schlüsse sind in beiden Fällen
verschieden, in beiden Fällen aber lässt sich auf das „Erfahrungsurtheil" sehr objective und ganz allgemeingiltige
Erfahrung aufbauen. Wenn man das Wahrnehmungsurtheil
in seiner früher gegebenen einfachsten Fassung den anderen Erfahrungsurtheilen als subjectives gegenüberstellen,
die letzteren dann als objective bezeichnen will, wird sich
gegen diese Bestimmung nichts Wesentliches geltend machen
lassen; nur muss dabei zweierlei im Auge behalten werden:
dass die Trennung keine erkenntnisstheoretische, nur eine
durch Zweckmässigkeitsrücksichten in der Erfahrung ge-
botene ist, dass überdies der scheinbare Unterschied zwischen
subjectiv und objectiv nur empirisch ist, dass das Subject
hier in erkenntnisstheoretischem Sinne selbst Object ist.
Deshalb ist die Erklärung, die K. Fischer von dem Erfahrungsurtheil als einem objectiven gegenüber dem Wahrnehmungsurtheil als einem subjectiven giebt, und von der
er behauptet, „Object sei in der Bedeutung der transscendentalen Logik gebraucht," in Widerspruch mit Kant:
„Objectiv ist eine Erscheinung, die ich als äusseren
Gegenstand von mir unterscheide, indem ich sie mir
gegenüberstelle und dadurch zum Gegenstand mache."
Diese Erklärung ist nur richtig, wenn unter Gegenstand
empirischer Gegenstand verstanden wird. Denn für die transscendentale Bedeutung ist alles „aussen" und „innen" gleichmässig objectiv. Der äussere Gegenstand existirt nur im Raume,
er hat zum Correlat den innern, und beide sind gleichmässig
Objecte im transscendentalen Sinne. Das empirische Object
existirt nur im Gegensatz zum empirischen Subject, das transscendentale Object existirt nur durch das transscendentale Sub-

ject. Der innere Widerspruch, in den die Lehre von den Wahrnehmungsurtheilen mit den Ausführungen der transscendentalen Logik tritt, ist hier besonders deutlich sichtbar, weil es unmöglich ist, die Definitionen der letzteren auf die erstere anzuwenden, ohne diese selbst aufzuheben, und umgekehrt. Und die Frage, nach welcher Seite man sich zu entscheiden habe, kann im Interesse Kants nicht strittig sein.

Cohen[1] (Theorie der Erfahrung 113) erörtert den Unterschied des Wahrnehmungsurtheils vom Erfahrungsurtheil an dem besseren Beispiel: „Wenn die Sonne den Stein bescheint, so wird er warm." Ebenso wie Fischer betont er mit Recht den Unterschied, der zwischen diesem Satze und demjenigen: die Sonne erwärmt den Stein, besteht; er sucht ihn aber fälschlich in der „Nothwendigkeit" des letzteren, die von der des ersteren weder der Art noch dem Grade nach unterschieden ist, und glaubt deshalb nur dem skeptischen Einwurf begegnen zu müssen, dass diese Nothwendigkeit unrechtmässiger Weise dem Urtheile beigelegt sei. Dieser Einwand war leicht zu beseitigen, denn die Nothwendigkeit lässt sich als factische und als nur mit dem Urtheil zugleich aufzuhebende erweisen. Dagegen finde ich von den gerechten Bedenken, welche den Begriff des Wahrnehmungsurtheils treffen, keines auch nur andeutungsweise berührt.

Riehl ist vielleicht in dem Gefühl des Widerspruchs, den die Lehre vom Wahrnehmungsurtheil in sich birgt, von den Anschauungen Kants in der Darstellung derselben abgewichen, ohne aber diesen Gegensatz hervorzuheben, ohne den Widerspruch zu lösen. Er sagt:

„Eine Folge von Wahrnehmungen unterscheidet sich von einem Urtheile, das die Folge der wahrgenommenen Dinge behauptet, nur durch das Hinzutreten des Begriffs der Causalität, durch den Gedanken, dass diese Folge ursächlich verknüpft sei. Ein Wahr-

---

1) Auch K. Fischer erwähnt dieses Beispiel (III. 357); wiederholt, aber an demselben nur Einiges von dem, was an dem Beispiel: Das Zimmer ist warm, ausgeführt ist.

nehmungsurtheil ist die Aussage eines Vorgangs im Bewusstsein; es hat subjective Bedeutung. In einem Urtheile dagegen, das von denselben Wahrnehmungen gegenständlich gelten soll, werden zwar nicht die Vorstellungen geändert, aber die Beziehung der Vorstellungen wird verwandelt. Sie werden statt auf das Bewusstsein auf die Objecte bezogen. Sie werden in einer objectiven Bewusstseinseinheit verknüpft, in dem Bewusstsein der Objecte."

Richtig ist ohne Zweifel, dass sich die Folge von Wahrnehmungen unterscheidet von einem Urtheil, das die Folge der wahrgenommenen Dinge (?) behauptet; der Unterschied ist derjenige zwischen metaphysischem und logischem Sein. Der Folge der Wahrnehmungen gebe ich eine Realität, die auch unabhängig von meinem Denken besteht, das Urtheil über diese Folge existirt nur in meinem, nur durch meinen Gedanken, mithin ist das letztere von der ersteren specifisch verschieden , ein ihr ganz heterogenes. Der Unterschied kann also nimmermehr durch das Hinzutreten der Causalität bedingt sein. In dem Urtheile, das die Folge der wahrgenommenen Dinge behauptet, liegt von einer ursächlichen Verknüpfung gar nichts, das ist ja nach Kant das eigentliche Wahrnehmungsurtheil, es ist die „Aussage eines Vorgangs im Bewusstsein", und man hat zu trennen den Vorgang im Bewusstsein von der Aussage dieses Vorgangs und diese wieder von der Zurückführung desselben auf die Kategorie der Causalität. Das erste heisst bei Kant Association, das zweite Wahrnehmungsurtheil, das dritte Erfahrungsurtheil. Hier hat sich Riehl desselben Fehlers schuldig gemacht, dem wir bei Kant (II. 739) begegnen, der Verwechslung nämlich zwischen Association und Aussage der Association; die letztere kann nur in einem Urtheil geschehen, das die Folge der wahrgenommenen Dinge behauptet und deshalb ursprünglich kategorisch ist. Die Trennung zwischen Association und Urtheil als Aussage der Association ist richtig; von ihr geht aber kein Weg zu der Trennung zwischen

Wahrnehmungsurtheil und Erfahrungsurtheil als dadurch, dass
man die Association selbst zu einem Urtheil, die Aussage zu
einem Urtheil über ein Urtheil macht, und selbst auf diesem
Wege zeigt sich kein Grund zu einer principiellen Trennung.[1])
Riehl meint diesen Grund in den Worten zu geben: „Aber
die Beziehung der Vorstellungen ändert sich. Sie werden
statt auf das Bewusstsein auf die Objecte bezogen." Das
Bewusstsein, auf das Wahrnehmungen bezogen werden können,
ist nur zugleich mit dem Bewusstsein der Objecte, es ist nur
durch die Beziehung auf Objecte, es ist mit dieser schlechterdings eines, denn es ist ein empirisches Bewusstsein und als
solches Bewusstsein meiner selbst als Object. (II. 773.)

Die Kritik, welche die Lehre vom Wahrnehmungsurtheil
durch Spicker erfahren hat, ist deshalb verfehlt, weil sie sich
von einem dogmatischen Sensualismus aus gegen die Principien
der Kantschen Urtheilslehre richtet, während es vielmehr
zu zeigen galt, dass das Wahrnehmungsurtheil mit diesen übrigens
gens vortrefflichen Principien im Widerspruch steht. So heisst
es (Kant, Hume, etc. S. 148 u. 149):

„Ich schliesse also nothwendig von dem erwärmten
Stein auf die erwärmende Kraft der Sonne. Hier
kehrt die ganze Schwierigkeit wieder, die wir schon
oben dargethan haben. Ich kann nämlich wiederum
fragen: geht dieser Schluss nur auf meine Empfindung
oder auf ein Ding an sich? der Schluss als solcher
ist eine blosse Denkfunction, wodurch mir kein Gegenstand gegeben wird; die Empfindung als solche ist
lediglich ein Zustand meines Gefühls und somit nicht
ausser mir; folglich schliesse ich blos kraft einer
Function meines Verstandes in mir auf eine Modification meines Gefühls ebenfalls in mir. Ich bewege
mich also wieder in jenem verhängnissvollen Cirkel."

Die Empfindung lediglich als Zustand meines „Gefühls" (?)

---

1) In welchem Sinne die Aussage einer Folge von Wahrnehmungen
hier als Urtheil bezeichnet wird. Vgl. das Flg. S.

ist weder ausser mir noch in mir, in ihr giebt es kein
Aussen, kein Innen, kein Ich; mithin ist der Schluss kraft der
Function des Verstandes in mir auf die Modification des
Gefühls in mir ebenso unerklärlich aus der Empfindung, als
der Schluss auf ein äusseres Object; in beiden Fällen ist der
Gegenstand da, und wie er hineinkomme, aus der Empfindung
zu erklären, das ist die Klippe, an der der Sensualismus
scheitert. Von hier aus darf er sich am allerwenigsten in den
Kampf mit dem „Rationalismus" Kants wagen, denn die
schwächste Kraft wird ihn hier aus seiner ungedeckten Stellung
schlagen.

Ich erwähne schliesslich noch diejenige Umgestaltung, die
Kants Lehre vom Wahrnehmungsurtheil durch Weisse (a. a. O.)
erhalten hat. Derselbe behauptet, dass im entwickelten Bewusstsein, im reifen Verstande alle auch auf blos subjective Zustände
gerichteten Urtheile gleichfalls den Charakter echter Erfahrungsurtheile tragen, d. i. einen objectiven Gehalt haben, dass dagegen
im kindlichen Verstande, also auf den ersten Stufen psychologischer Entwicklung das Urtheil noch keine gegenständliche
Bedeutung habe und als erste Staffel der Erkenntniss dasjenige
sei, was Kant eigentlich als Wahrnehmungsurtheil bezeichnet.
Die Urtheile des unentwickelten Kindes, „das ist ein Baum,"
„das ist nicht die Mutter," oder auch „es blitzt," „es schneit,"
sollen noch keine gegenständliche Bedeutung haben, „in solchen
Fällen ist das Subject des Urtheils noch kein Begriff, es wird
daher dasselbe auch nicht durch ein nomen appellativum, sondern
durch ein unbestimmtes Fürwort ausgedrückt." Nach Weisse
haben die hier verknüpften Vorstellungen noch keine andere
Existenz als im Bewusstsein des Kindes erhalten, sie gehören
zu ihm nur als seine Vorstellungen. Ich glaube nicht, dass
irgend ein Psycholog sich damit einverstanden erklären wird,
dass das Kind die Anschauung des Baumes, der Mutter als
in gleichem Sinne zu seinem Ich gehörig annimmt, wie etwa
seine Gliedmaassen, geschweige denn wie das Gefühl z. B.
seines Schmerzes. Immerhin müssen die Vorstellungen als
solche von einander geschieden, und sie müssen vereinigt sein

im Bewusstsein, und damit ist eine Leistung vollzogen, die wir als Setzung und Unterscheidung des Gegenstandes bezeichnen müssen. Wir müssen also in dem Kinde, das zum sprachlichen Ausdruck und damit zur gedanklichen Conception derartiger Vorstellungsverknüpfungen vorbereitet ist, eine Reihe Verstandesprocesse als abgelaufen voraussetzen, die bereits die Anwendung seiner spontanen Erkenntnisskraft in mannigfacher Richtung erfordern. Wenigstens sehe ich nicht, wie man sonst den Unterschied der Vorstellungen, die Vergleichung derselben ableiten, vor Allem aber, wie man in dieselben eine Beziehung auf ein Gemeinsames hineinbringen will; und wenn diese wieder als das Princip der Möglichkeit der Wahrnehmungsurtheile hingestellt wird, dann ist zum Mindesten das Vorstellende von dem Vorgestellten, das Ich von seiner Modification unterschieden, dann ist dem Urtheil also zugleich sein Gegenstand gegeben. Ob ich mich zur Bezeichnung desselben eines Appellativnomens oder des demonstrativen Pronomens bediene, dieses ist für die logische Function in der Vorstellung ganz gleichgiltig. Die Weissesche Abhandlung führt nicht zu vollkommener Klarheit darüber, in welcher Art man sich die Betheiligung der Kategorien bei der Bildung der gegenständlichen Vorstellung zu denken habe. Gewiss ist, dass sie nicht allein den Gegenstand bestimmen, wie bei Kant. Das Verhältuiss, wie es sich Weisse denkt, scheint folgendes zu sein. In dem Wahrnehmungsurtheil wie im Erfahrungsurtheil sind Kategorien wirksam, sie formen die einzelnen Vorstellungen, sie formen das Urtheil, sie geben aber an und für sich keine Beziehung auf den Gegenstand. Dazu bedarf es eines neuen eingeschalteten Urtheils, das stets die Form des unendlichen hat und die zu objectivirende Vorstellung als ein Einziges der Vorstellung des Ich gegenüberstellt in der Art, dass es aussagt: diese Vorstellung ist nicht Ich. Derselbe Process wiederholt sich, um eine Vorstellung gegen eine andere als Gegenstand abzugrenzen. Hier hat das unendliche Urtheil die Rolle übernommen, welche bei Kant die transscendentale Apperception spielt, nur dass die Kategorien von dem Princip der Vergegenständlichung abgetrennt sind,

während sie bei Kant untrennbar mit diesem verbunden erscheinen. Eine Verbesserung der Kantschen Ansicht liegt hier
gewiss nicht vor. Schon die Trennung der gegenständlichen
Bedeutung von der Form des Urtheils läuft all' dem zuwider,
was die Logiker mit grosser Uebereinstimmung hier angenommen haben; die Vermittlung durch ein neues Urtheil, das,
wenn überhaupt statuirbar, gewiss vor anders geformten keinen
Vorzug verdient, ist eine weitere Schwierigkeit. Denn dieses
Urtheil selbst ist entweder nur eine subjective Vorstellungs-
combination, und dann ist nicht abzusehen, wie es einen Gegenstand geben könne, oder es ist vom Gegenstande giltig, dann
bleibt unerklärt, wie es zu diesem Vorzug vor allen anderen
Urtheilsformen gekommen. Der wesentlichste Uebelstand ist
aber der, dass im Wahrnehmungsurtheil ebenso gut wie im
Erfahrungsurtheil die „unterscheidende Denkthätigkeit", welche
ja doch das Wesen des unendlichen Urtheils ist, als wirksam
angenommen werden müsse. Denn wenn die Kategorie ausser
der Form auch die Unterscheidung der Vorstellungen giebt, dann
laufen zwei Principien der Objectivirung neben einander, und es ist
nicht abzusehen, weshalb in zwei verschiedenen Fällen gleiche
Wirkungen verschiedenen Ursachen zugeschrieben werden sollen.

Die Lehre vom Wahrnehmungsurtheil gehört nicht zu
denjenigen in der Kantschen Philosophie, welche durch ge-
ringere oder grössere Veränderungen erhalten werden können;
sondern wie sie für das System Kants ganz unwesentlich ist,
so muss sie um ihres inneren Widerspruchs willen aus demselben entfernt werden. Die gemachten Vermittlungsversuche
verdienen kaum den Namen als solche, und auch alle ferneren
sind aussichtslos. Denn die Feindschaft zwischen dieser Lehre
und derjenigen der transscendentalen Logik liegt nicht in dem
Zweigwerk von Consequenzen, das sie treiben, sondern sie liegt
da, wo die Principien aller Erkenntniss wurzeln, wo der Kampf
ums Dasein der letzten Gedanken sich abspielt.

Ich nehme den Faden der Untersuchung an derjenigen
Stelle wieder auf, an der derselbe durch die Discussion des
Wahrnehmungsurtheils unterbrochen wurde. Im Sinne Kants

hatten sich Form des Urtheils und gegenständliche Bedeutung desselben als zwei Seiten derselben Sache erwiesen; beide wurden durch die transscendentale Apperception in ihren Einheitsfunctionen gegeben, und es durfte somit keine Vorstellungsverknüpfung von gegenständlicher Bedeutung anders als in der logischen Form des Urtheils, es durfte die letztere nie anders als mit der Beziehung auf den Gegenstand erscheinen. Damit scheint die Vollständigkeit des Princips in dieser Richtung verbürgt; jedoch erhebt sich hier ein logisches Bedenken, das in gleicher Weise als die bisher erhobenen erkenntnisstheoretischen den inneren Widerspruch des Princips offenbart.

Die Mehrzahl der Logiker ist geneigt, nicht alle Sätze, die eine Beziehung auf einen Gegenstand ausdrücken und in der sprachlichen Form eines Urtheils erscheinen, als Urtheile gelten zu lassen. Damit ist das ganze Princip der metaphysischen Deduction überhaupt über den Haufen geworfen. Denn, wenn ich anders als im Urtheil eine gegenständliche Beziehung in logischer Form geben kann und ich annehme, dieselbe sei auch durch die Kategorie gewirkt — weil nur durch diese der Gegenstand erhalten werden kann — dann giebt mir die Tafel der Urtheile allein gar kein Abbild mehr von der Thätigkeit der Kategorie, ebensowenig als mir eine einzelne Urtheilsform die Bedeutung des reinen Verstandesbegriffes für das Urtheil überhaupt demonstriren kann; und die metaphysische Deduction ist dann nicht nur unfähig, die Vollständigkeit zu verbürgen in Rücksicht auf die Kategorien, welche die Bildung der Einzelvorstellung möglich machen, sondern sogar in Rücksicht auf diejenigen, welche Einzelvorstellungen und Begriffe verknüpfen. Damit war die Anlehnung an die Logik selbst dann unstatthaft, wenn man in ihr eine apriorische Wissenschaft sah, dann konnte nur eine ungenaue Bestimmung desjenigen, was logisch ein Urtheil heisst, dazu führen, hier die vollkommene Anzahl der Verstandesfunctionen zu suchen. Die Kritik der reinen Vernunft hatte das Urtheil erklärt als eine mittelbare Erkenntniss eines Gegenstandes, sie hatte weiter erklärt, alle Urtheile seien Functionen der Einheit unter unseren Vorstellungen und hatte daraus geschlossen, dass alle Handlungen des Verstandes Urtheile seien. Das Fehlerhafte dieses Schlusses war dahin gezeichnet, dass dabei die unmittelbare Erkenntniss eines Gegenstandes, die Anschauung, die ebenfalls eine Einheitsfunction ist, übergangen sei. Der Schluss ist aber auch noch in einer andern Richtung ungerechtfertigt. Um ihn zu stützen, musste nicht nur nachgewiesen sein, dass alle unmittelbaren Erkenntnisse Urtheile seien, was unerweislich ist, sondern auch, dass alle mittelbaren Erkenntnisse die Bezeichnung eines logischen Urtheils verdienen. Kant hatte gesagt: das Urtheil ist also die mittelbare Erkenntniss des Gegenstandes; dass aber die Umkehrung dieses Satzes richtig sei, hatte er nicht erwiesen, und nur auf diese Art konnte die Vollständigkeit der Kategorientafel, wenigstens hinsichtlich der mittelbaren Erkenntnisse, gesichert werden. Man wende hiergegen nicht ein, dass diejenigen Sätze, welchen die Logik die Bezeichnung als Urtheil versagt, nicht „Erkenntnisse" seien. Immerhin; so sind sie doch „Vorstellungen einer Vorstellung des Gegenstandes", so sind sie doch auch durch Kategorien allein möglich, so haben sie doch die Form eines logischen Urtheils, und wenn sie dann als untauglich zur Ableitung der Kategorien erklärt werden, so muss die logische Form des Urtheils auch anders, als durch diese gegeben werden können, und die ganze Urtheilslehre verliert ihre Bedeutung. Mithin muss entweder angenommen werden, dass jede mittelbare Vereinigung von Vorstellungen am Gegenstande ein Urtheil sei, dann giebt die Logik, falls sie apriorische Erkenntniss ist, die vollständige Tafel der Urtheile, oder die erstere Annahme ist unhaltbar, dann wird das ganze Princip der Deduction illusorisch. Hier ist also noch ein Entscheid zu treffen, ehe sich über das Princip der Deduction das letzte Wort sprechen lässt.

Das Urtheil soll einerseits als logisch von jedem Inhalt, von jeder Beziehung auf Wahrheit und Falschheit abstrahiren, das material richtige wie das material unrichtige Urtheil soll in gleicher Weise in logischem Sinne Urtheil sein können. Andererseits heissen nur diejenigen Sätze Urtheile, die mit dem Anspruch auftreten, Wahrheit zu bringen, d. i. giltig zu sein von Objecten. Wenn der gemachte Anspruch nicht erfüllt wird, hören sie darum nicht auf Urtheile zu sein. Dieser Unterschied wird auch von allen denjenigen Logikern festgehalten, welche die rein formale Natur des Urtheils anerkennen; und er ist an sich nicht widersprechend. Er ist es nur dann, wenn uns das Urtheil als eine logische Verknüpfung angeboten wird, aus der wir alle Arten des Denkbaren, alle Gesetze des Denkens ableiten sollen. Wenn ich zum Zweck einer logisch-wissenschaftlichen Untersuchung, z. B. zur Darstellung der Schlussformen Sätze wähle, von denen ich nicht nur dahingestellt sein lasse, ob in Wirklichkeit ihrem Inhalte ein Reales correspondirt, sondern von denen ich sogar mit Bestimmtheit weiss, das sie der Wahrheit zuwiderlaufen, so wird doch zweierlei nicht bestritten werden können, einmal dass ich die Vorstellungen gedacht, und zum zweiten, dass ich sie an einem Gegenstande gedacht. Ich wusste wol, dass sie in der äusseren Welt an diesem Gegenstande nicht verbunden seien, der Gedanke zerriss die objective Gemeinschaft der Vorstellungen, er gründete eine eigene neue, und das Verbindende in dieser Gemeinschaft war wiederum der Gegenstand als Object meines Gedankens. Wenn ich Jemandem ein Beispiel geben will einer logischen Verknüpfung von Vorstellungen, und ich nenne ihm: C. lebt, wiewol ich weiss, dass C. verstorben ist, so kann ich dieses zunächst nicht anders thun als dadurch, dass ich die Vorstellung C. ebenso wie die des Lebens denke, und dass ich zweitens die letztere mit der ersteren an dieser verknüpfe, kurz und gut nur dadurch, dass die beiden Vorstellungen an einem Gegenstande verbunden werden, wiewol ich weiss, dass sie in Wirklichkeit an diesem Gegenstande nicht verbunden sind. Deshalb ist Verknüpfung am Gegenstande und objective Giltigkeit zweierlei, sofern durch die letztere ein Moment der Wahrheit, wenn auch nur dem An-

spruche nach, hineingebracht wird, das in der logischen Verknüpfung an sich nicht liegt. Ich kann Vorstellungen logisch
nicht zusammenbringen, ohne ihnen ein gemeinsames Object
in Gedanken zu geben, dieses sei das vorstellende Wesen, oder
es sei ein äusserer Träger von Eigenschaften; aber es ist
für den Gedanken ganz gleichgiltig, ob dieses gemeinsame
Object auch in der objectiven Welt der gemeinsame Mittel-
punkt dieser Vorstellungen sei, und sofern ich mir dessen be-
wusst bin, dass der Gegenstand meiner Vorstellungen ein nur
gedachter ist, so hört auch jeder Anspruch auf objective
Giltigkeit der letzteren auf. Deshalb hatte Kant Recht, den
Ursprung jeder logischen Verknüpfung an der Stelle der Erkenntnisskraft zu suchen, die überhaupt den Vorstellungen
ein Object giebt; die blosse Form, als solche ist nicht nur
leer, sie existirt gar nicht, der Gedanke eines Einigen, an dem
sie haftet, muss sie stets begleiten. Aber es war unrichtig,
diesen Gedanken des logischen Objects meiner Vorstellungen
hinauszutragen in die äussere Welt empirischer Gegenstände
und das nothwendige Object des Gedankens gleich zu stellen
mit dem Objecte der Empfindung, nur deshalb weil in beiden
Fällen ein Gegenstand gegeben werden muss, deshalb weil
der erkenntnisstheoretische Process in beiden Fällen der gleiche
ist; es war unrichtig, in die gedachte Vorstellungsverbindung
den Anspruch hineinzutragen, dass sie auch in der Welt des
Empfindbaren einen Ausdruck haben müsse, und ihr mit der
Aufhebung dieses Anspruchs zugleich den Charakter einer
gedanklichen, einer logischen Verbindung zu rauben. Und
zwar war dies aus doppeltem Grunde irrig, einmal, weil derselbe nur an verschiedenem Material ausgeübte Denkprocess
in seinem eigentlichen Wesen zerrissen, zweitens aber, weil
ganz fremdartige Erkenntniss- oder Vorstellungsgebiete ver-
mengt wurden.

Wenn es für den äusseren Gegenstand nothwendig ist,
dass er mir unmittelbar, d. i. durch Empfindung oder wenigstens durch Beziehung zu anderen Empfindungen (Wahrnehmungen) gegeben sei, wenn also die Thätigkeit meiner

Receptivität die Voraussetzung ist, unter der allein ein Gegenstand Gegenstand äusserer Erfahrung sein kann, so ist der gedachte Gegenstand nur als Object meiner gedanklichen Vorstellung von einer solchen Voraussetzung durchaus unabhängig. Freilich ist im Sinne Kants auch der äussere Gegenstand nur ein gedachter. Aber das Denken ist nicht die einzige Bedingnng, unter der der gedachte Gegenstand zum äusseren wird, dazu bedarf es allemal noch der Empfindung, und zwar der unmittelbaren Reception des sinnlichen Eindrucks. Dass der Gegenstand meines Denkens von dieser Bedingung frei ist, das setzt den Unterschied zwischen dem gedachten Gegenstande und dem wirklichen. In beiden Fällen ist es derselbe Vorgang, der das Object bestimmt, aber damit aus diesem Object, das an sich nur Object des Gedankens ist, ein reales werde, dazu bedarf es des Hinzutretens der Empfindung. Deshalb ist der Kreis des Denkbaren unendlich viel weiter als der des Wirklichen in jeder einzelnen Existenz, denn das Material, mit dem der Gedanke unabhängig von der Frage nach äusserer Wesenheit schalten kann, ist das ganze Gefüge meiner associirten und reproducirten Vorstellungen; unter ihnen treibt er das Werk seiner Verknüpfung unbekümmert um die Uebereinstimmung der von ihm gesetzten Einheit mit derjenigen der Anschauung nur aus dem Gesichtspunkt des logischen Widerspruchs. Damit er aber die zunächst nur im psychologischen Bewusstsein ablaufende Association auf die Stufe einer Vereinigung durch den Gedanken, dieselbe sei noch so niedrig, erhebe, damit er dieselbe nur als sein disponibles Eigenthum erkenne und dieser Erkenntniss gemäss unter ihr schalte und walte, dazu muss er functionirt haben, er muss gewisse Vorstellungen unter anderen geordnet, er muss vereinigt und getrennt, kurz er muss alle seine Einheitshandlungen ausgeführt, in Sonderheit er muss den Vorstellungen einen Gegenstand gegeben haben. Wenn ich z. B. aus der Reihe der zu einer bestimmten Zeit in meiner psychischen Association zusammen existirenden Vorstellungen irgend zwei herausgreife, die sich nicht gegenseitig aufheben,

— eine Einsicht, die ebenfalls nur durch den Verstand gegeben werden kann — und ich verknüpfe sie in der Art, dass,
um das früher gebrauchte Beispiel zu wiederholen, ich die
Vorstellung eines lebenden Freundes mit derjenigen der auf-
gehobenen irdischen Existenz verbinde, und zwar in der Art,
dass ich mir diesen Freund gestorben „denke", so habe ich
an dem Material meiner associirten Vorstellungen dasselbe
ausgeführt, was ich an dem Material meiner unmittelbaren
Empfindungen ausführe, wenn ich aus denselben äussere Objecte
schaffe, d. h. ich habe Vorstellungen und zwar nicht unmittelbare, sondern durch Reproduction überkommene entweder
selbst objectivirt oder nach den Gesetzen einer schon von den
Ketegorien beherrschten Association objectivirt erhalten, ich
habe diesen objectivirten Vorstellungen einen gemeinsamen
Gegenstand gegeben, und ich habe zugleich die Art festgestellt,
in der sie an dem Gegenstand verbunden gedacht werden
sollen, ich habe mithin alles das gethan, was als logische
Arbeit im Urtheil zu thun ist. Das Product dieser Operationen
ist von gegenständlicher Bedeutung, trotzdem wird es Niemandem
dem einfallen zu behaupten, dass es zugleich giltig sein müsse
in der äusseren Welt.

Darauf lautet die Antwort der Logiker: Deshalb ist es
eben kein Urtheil. Die Freiheit der Definition muss Jedem
gewahrt bleiben. Wer das Urtheil als eine Aussage erklärt, die entweder einen objectiv realen Inhalt hat oder
doch mit dem Anspruch auftritt, einen solchen zu haben,
für den ist der Satz: C. ist gestorben, kein Urtheil, wenn
der Sprecher des Satzes weiss, dass C. lebt. Aber er ist
doch eine logische Verknüpfung von Vorstellungen, d. h.
eine solche, die die Form eines logischen Urtheils hat und
an einem Gegenstande vollzogen ist. Wer in dieser Verbindung auch die logische, d. i. gedankliche Natur leugnen
und dieselbe eine grammatikalische und ebenso die Form
derselben eine Satzform heissen will, der ist sich über den
Inhalt desjenigen nicht klar geworden, was in dem Satze:
C. ist gestorben, ausgedrückt sein soll. Damit soll nicht

gesagt sein, dass „C" ein Subject, „gestorben" ein Prädicat, „ist" die Copula sei, und dass diese drei Worte dem Sprachgesetz nach deshalb zusammenzubringen seien, weil sie eben diese drei sprachlichen Formen haben, es ist also nicht nur gesagt, dass die wörtliche Fassung der Grund für die Möglichkeit ihres Zusammentretens sei, sondern es ist vielmehr gesagt, dass der Inhalt dieser Worte, d. i. das, was unter ihnen vorgestellt wird, und was, weil es nicht empfunden ist, immer gedacht sein muss, dass dieses nach der Natur meines Denkens wol neben einander bestehen könne, ohne sich zu befehden, dass es ferner zur Zeit in meinem Denken gleichzeitige und nach gewissen Gesetzen von einander abhängige Existenzen habe; es fehlt dieser Verbindung zu ihrer objectiven Giltigkeit mithin nichts, als die Uebereinstimmung mit der unmittelbaren Anschauung, d. i. mit der gegenständlichen Verknüpfung der Empfindungen. Dies könnte dann niemals der Fall sein, wenn ich es nur mit grammatikalischer Verträglichkeit oder Anpassung der Worte zu thun hätte, denn als Brücke von dieser zur nothwendigen, d. i. objectiven Giltigkeit, fehlt die gedankliche Deutung der Worte, ihre Umwandlung in Gedanken, ohne welche metaphysisches und grammatikalisches Sein incommensurable Grössen bleiben. Wenn also irgend eine Definition des Urtheils diejenigen Sätze, welche in gegenständlicher Verknüpfung, in logischer Form, aber ohne den Anspruch auf objective Giltigkeit auftreten, aus der Reihe der Urtheile streicht, so erklärt sie damit, dass nicht jede logische Verbindung objectivirter Vorstellungen ein Urtheil sei; wenn sie aber versucht, in dem dogmatischen Festhalten des Princips, dass Denken Urtheilen sei, derartige Sätze aus der Reihe der logischen Verbindungen zu streichen, so macht sie sich des Fehlers schuldig, in die Logik, und damit in die Natur des Verstandes ein heterogenes, ihr ganz fremdes Element hineingebracht zu haben, nämlich die Beziehung zur Empfindung. Man soll deshalb streng daran festhalten, dass der Verstand allein den Gegenstand geben könne, dass der äussere Gegenstand nur erhalten werde durch Objectivirung der unmittelbaren Empfindung, des einzelnen Eindrucks, der Receptivität, man soll dann aber überall da, wo die gegenständliche Beziehung frei erscheint von der Berührung mit der unmittelbaren Sinnesaffection, auf der einen Seite den Unterschied von der äusseren Wirklichkeit von objectiver Giltigkeit, auf der andern Seite ebenso die Gleichheit in Setzung des Gegenstandes betonen, und nur so kann man sich vor dem Fehler sichern, ein Vermögen zu zerreissen, dessen Einheit man selbst gesetzt.

Eine zweite Gefahr aber, die aus der unbefugten Begrenzung der logischen Thätigkeit durch Beziehung auf metaphysisches Sein entspringt, ist die, dass man Vorstellungsformen zusammen wirft, die gar nichts mit einander gemein haben, und in dieser Hinsicht ist ein doppelter Irrthum möglich: die Identification der Logik mit der Grammatik und die Identification derselben mit der psychologischen Ideenassociation. Die erstere ist bereits oben berührt und als falsch gekennzeichnet worden. Ich füge hier nur noch einige Worte zu. Diejenigen, welche den logischen Charakter der Sätze bestreiten, welche keine Giltigkeit von Objecten beanspruchen, pflegen dieselben der Grammatik zu überweisen. Mit welchem Recht, möge aus folgendem Beispiel erhellen. Es wird Jemand aufgefordert, einen Satz anzuführen, in dem die Copula ein Substantiv und ein Adjectiv verbinde, und er wählt: Cajus ist todt; zu diesem Satze als grammatikalischem hätte er auch in der Art kommen können, dass er in einem Wörterbuch geblättert, zufällig als erstes Beispiel eines Substantivs den Namen Cajus, als erstes Beispiel eines Adjectivs das Wort todt gelesen und diese drei Worte rein nach ihrer sprachlichen Form zusammengebracht hätte. Wenn wir von dem Gedankenprocesse absehen, der nothwendig ist, um jeden der einzelnen Bestandtheile des Satzes als von einer bestimmten Wortform zu erkennen, so haben wir eine rein sprachliche,

von jeder logischen Arbeit freie Zusammenstellung. Wenn
dagegen derselbe Mensch an die Vorstellung Cajus die Vorstellung todt angehängt hätte, so hätte er einen logischen
Process ausgeführt, sofern damit diese Vorstellungen zusammen gedacht waren, und trotzdem kann er sehr wol
wissen, dass Cajus lebt, er kann selbst dieser „Cajus" sein.
Gewiss liegt in diesen Sätzen nicht die Beziehung auf ein
objectives Sein, kein Anspruch auf eine metaphysische
Realität, aber deswegen dürfen sie nicht mit grammatischen
zusammengeworfen werden, weil diese auch keine metaphysische Bedeutung haben, vielmehr liegt ihr ganzer Anspruch auf Giltigkeit in jener Sphäre, die von grammatikalischem und metaphysischem Sein gleich weit entfernt ist,
in der die Objecte des Gedankens ihre Stelle haben, d. i.
in der Sphäre der Logik.

Häufiger noch ist die Anschauung, welche gedachte
Vorstellungsverknüpfungen ohne Anspruch auf objective
Giltigkeit in die Reihe der Verbindungen durch Associationen
zählt. Die beiden Vorstellungen, z. B. Cajus und todt,
waren zu der bestimmten Zeit gerade nach den Gesetzen
des psychologischen Gedankenverlaufs in meinem Bewusstsein vereinigt: der Ausdruck dieser Thatsache ist der Satz:
Cajus ist todt. Damit stehen wir mit beiden Füssen in der
Lehre vom Wahrnehmungsurtheil. Es ist oben ausgeführt
worden, wie alle die Sätze, welche einen subjectiven Zusammenhang psychischer Vorstellungen festsetzen, in demselben Sinne Urtheile sind, als diejenigen, deren Objecte
in der Physis liegen. Zugleich aber liegt noch ein anderer
Fehler dieser Anschauung zu Grunde. Die entwickelte
Association steht unter der Botmässigkeit der Kategorien.
Während unabhängig von den Letzteren wir nur Empfindungen, Gefühle durch Reproduction erhalten würden, treten
die geformten Vorstellungen, die Anschauungen, die Einzelvorstellungen, ja vielleicht sogar die höheren Erkenntnissprocesse, Begriff, Urtheil und Schluss, in die Zahl derjenigen ein, die ohne eine neue gestaltende Thätigkeit des

Verstandes zu irgend einer Zeit als gegenständlich vor uns
erscheinen können. So sehr man sich in der Erkenntnisstheorie die „Entstehung der Anschauungen durch Association"
klar zu machen hat, um nicht die Gründe ihrer Entstehung
als secundäre aus der Association als primäre abzuleiten,
so darf man andererseits die „Anschauungen durch Association" nicht als Producte der Spontaneität des Verstandes
fassen, wenigstens nicht direct, denn einmal gebildet, können sie unter unbekannten psychologischen Bedingungen
mit voller Beziehung auf einen Gegenstand wiederkehren.
Deshalb können die Vorstellungen Cajus und todt entweder neben einander oder auch verbunden vor meiner
Einbildungskraft auftreten, das Factum als solches, abgesehen von jeder gedanklichen Erfassung, von jedem sprachlichen Ausdruck desselben, ist Association, die Constatirung
desselben in meinem Bewusstsein ist ein logischer Act, sofern es auf die Vorstellung meines Ich bezogen wird. Ueber-
dies ist zwischen dem jetzt gebrauchten und dem früher
angeführten Beispiel ein wesentlicher Unterschied. Der
Satz: Cajus ist todt, bedeutet in der Sprache des Lebens
niemals, dass gerade diese Vorstellungsverbindung in mir
vorhanden sei, er sagt entweder die metaphysische Realität
des äusserlich nur grammatikalischen Verhältnisses aus oder
die logische, und im letzteren Falle ist der Zusammenhang
zwischen den beiden verknüpften Vorstellungen von dem
denkenden Subject selbst gesetzt, kann in jedem Augenblick
von Neuem gesetzt werden und drückt nichts weiter aus, als
dass ich vielleicht zur weiteren logischen Verarbeitung, z. B.
zur Ableitung von Schlüssen, zwei sich nicht widersprechenden Vorstellungen ein gemeinsames Object in Gedanken
gegeben habe. Hier ist ebenso wenig von Association der
Vorstellungen als von objectiver Giltigkeit ihres Inhalts die
Rede.

Ulrici, der den Begriff des Urtheils besonders enge begrenzt, sagt hierüber:

„Dadurch, dass das Urtheil stets die Subsum-

tion eines Einzelnen unter ein Allgemeines ausspricht, unterscheidet es sich vom blossen grammatischen Satze. Niemand wird die Sätze: ich bitte
dich, mir dieses Buch zu leihen, oder: ich gedenke
morgen eine Reise anzutreten, für Urtheile erklären.
Aber auch Sätze wie: Gestern ist mein Freund A.
hier angekommen, oder: O, wäre doch der heutige
Tag ein glücklicher, wird Niemand für Urtheile
gelten lassen." [1])
Das hängt davon ab, wie die Definition des Urtheils
gegeben wird. Noch viel weniger aber wird sie irgend
Jemand für grammatische Sätze erklären. Sie können es
sein, wo sie z. B. von einem Kinde ganz ohne Rücksicht
auf die Vorstellungen, deren Bilder die Worte sind, als
Beispiele einer grammatischen Construction angeführt werden, wo es nur darauf ankommt, dass jedes der Worte eine
bestimmte Form habe und ohne Verlust durch jedes andere
gleicher Form ersetzt werden kann; sie können es ferner
sein bei einem Geisteskranken, der, jeder Vorstellungsverknüpfung unfähig, die betreffenden Worte nach physischer
Nothwendigkeit, nach gewissen in seinen Sprachorganen
vorliegenden Bedingungen ausstösst, sie können es endlich
da sein, wo Jemand einen ihm gemachten Auftrag wörtlich
ohne Rücksicht auf den Sinn desselben ausrichtet. Ueberall
da aber, wo Jemand im Leben einen Andern „um ein Buch
bittet" oder sagt, dass „er gedenke eine Reise zu machen",
haben diese Vorstellungen ein ganz bestimmtes Object, sie
sind in ganz bestimmter gedanklicher Verknüpfung, und
während ebendieselben Sätze als grammatische jede beliebige Veränderung dem Wortlaute nach ertragen, zerstört
in ihnen als logischen jede Veränderung den ganzen Zusammenhang. Und dass es nicht die metaphysische Wahrheit ist, die dabei leidet, ist daraus ersichtlich, dass es ganz
gleichgiltig ist, ob ich in Wahrheit gedenke, die Reise zu

---

1) Logik, S. 487.

machen, ob ich Jemand dadurch zu täuschen beabsichtige,
oder ob ich es nur als Möglichkeit hinstelle, deren Consequenzen ich für mich ziehen will. Ebenso ist es nicht
richtig, wenn es weiter heisst:

„Und wenn das Kind zuerst die Wahrnehmung
macht, dass dieses Weiche (das Bett) zugleich weiss,
dieses Harte (der Tisch) zugleich braun ist, d. h. wenn
es zuerst die Verbindung dessen, was es als weich,
mit dem, was es als weiss percipirt hat, wahrnimmt, so fällt es ebenfalls noch kein Urtheil, sondern statt der Wahrnehmung dieses Weichen hat
es nunmehr die Wahrnehmung dieses weichen
Weissen oder weissen Weichen und wird diese
Verbindung auch in der Vorstellung festhalten und
reproduciren.“

. . . . „Die neue Wahrnehmung besagt immer,
dass dem Kinde dieses Weiche weiss ist, dass es
also dieses bestimmte einzelne Subject, dieses
weiche Etwas mit diesem bestimmten einzelnen
Prädicat verbindet: ist diese Verbindung an sich
eine blosse Wahrnehmung, so kann sie, in die
Form des Satzes gebracht, unmöglich zum Urtheil
werden.“ (S. 493.)

Wenn es selbst richtig wäre, dass das Kind die Verbindung des Weissen mit dem Weichen wahrnehmen könnte,
während es nur das Weisse und das Weiche wahrnimmt,
die Verbindung aber selbst setzt — so würde daraus doch
niemals ein „Satz“ zu Stande kommen, irgend etwas, was
eine Beziehung zur Grammatik hätte. Man mag sich die
Abhängigkeit der Grammatik von der Logik vorstellen, in
welcher Weise man will, immer wird da, wo wir grammatische Formung sehen, logische Arbeit als vorausgehend angenommen werden müssen; und wenn wir uns später der
entwickelten Form, unabhängig von ihrem ursprünglich
gestaltenden Princip, bedienen, dieselbe unabhängig davon
und durch andere äussere Gründe bestimmt umgestalten

S

können, so liegt doch allen „Sätzen" als Lebensprincip eine
Vorstellungsverknüpfung zu Grunde, die, wenn nicht als
Urtheil, so doch als logische bezeichnet werden muss, weil
sie im Gegensatz zur Association von dem denkenden Subject selbst gesetzt, weil sie nach Normen geregelt, an Objecten vollzogen ist.

Wie ganz und gar das Urtheil in so enger Bedeutung
untauglich ist, als Abbild aller logischen mittelbaren Einheitsfunctionen zu gelten, dies wird am Besten durch die
Frageform anschaulich. Wenn Jemand ins Zimmer stürzt
mit der gejagten Frage, ob ein ihm nahe Stehender in
Wahrheit todt sei oder nicht, so ist es ihm um keine
grammatikalische Wendung, noch weniger um Constatirung
der nüchternen Thatsache zu thun, dass sich gewisse Vorstellungen bei ihm associirt hätten, sondern es ist ein Gedanke Wort geworden, der nur in einem andern Gedanken
Ruhe findet. Die Frage sei kein Urtheil! Wol, so ist sie
eine logische Vorstellungsverknüpfung, und die Urtheilslehre
giebt umsomehr kein Bild aller Einheitsmomente unter
Vorstellungen.

Diese scheinbar ganz dem Gebiete der Logik angehörigen
Erwägungen geben für die Beurtheilung der metaphysischen
Deduction einiges Licht. Nur aus der Bestimmung dessen,
was die Urtheilslehre der Logik leistet, lässt sich bemessen,
wie weit dieselbe zur Ableitung der Kategorien tauglich sei.
Wenn aus der Erklärung des Urtheils gestrichen wird der
Anspruch auf objective Giltigkeit, nur dann wird die Tafel
der Urtheile brauchbar, alle „mittelbaren" Functionen aus ihr
abzuleiten. Denn es giebt logische Gedankenverbindungen,
die ohne jede Beziehung auf ein metaphysisches Sein nur
in dem Reich des logisch Widerspruchslosen existiren, die
weder der grammatischen Verbindung nach der Association
überwiesen werden dürfen, und diese wären durch eine Begrenzung des Begriffs Urtheil in der angedeuteten Richtung ausgeschlossen. Da nun aber überall, wo von dem Subject eine
Einheit unter Vorstellungen gesetzt wird, dieselbe sei objectiv

giltig oder nicht, eine Thätigkeit des Verstandes, die Wirkung eines seiner ursprünglichen Elemente, einer Kategorie angenommen werden muss, so kann die vollständige Anzahl der „mittelbaren" Einheitsfunctionen nur dann gefunden werden, wenn der Begriff des Urtheils viel weiter gefasst wird, als dies von Kant und von fast allen Logikern geschieht: es muss nicht nur der Inhalt des Urtheils von seiner Form getrennt werden, es muss nicht nur festgesetzt werden, dass die formale Wahrheit eine andere sei als die materiale und die letztere nicht verbürge, sondern es muss selbst jeder Anspruch auf materiale Wahrheit aus dem Urtheil als logischer Form entfernt werden. Dabei bleibt die Unzertrennlichkeit der logischen Form von der Beziehung auf einen Gegenstand überhaupt gewahrt; denn ein Anderes ist die Beziehung auf einen Gegenstand, ein Anderes objective Giltigkeit. In der ersteren wird nur einer Vorstellungsgruppe ein gemeinsames Object gegeben, gleichviel ob sich die Vorstellungen in Wirklichkeit in gleicher Weise vereinigt finden oder nicht, in der letzteren erscheint die rein logische Natur der Verknüpfung getrübt durch Relation auf ein metaphysisches Sein. Wenn die Logik Ursache hat, die Bezeichnung „Urtheil" für diejenigen Vorstellungsverknüpfungen aufzubewahren, in denen der Anspruch auf objective Giltigkeit liegt, in denen die „bewusste Subsumtion des engeren Begriffs unter den weiteren" enthalten ist, so muss sie zugestehen, dass es ausser Urtheilen andere „mittelbare" Functionen des Verstandes gebe, die in gleicher Weise als durch Kategorien gewirkt nur ohne Beziehung auf Empfindung entstanden seien.

Die Ausstellungen, welche die Nachfolger Kants an dessen Kategorientafel gemacht, sind ebenso zahlreich als die Versuche, sie zu verbessern. Man wandte sich gegen die Tafel der Urtheile so wie gegen die Richtigkeit der einzelnen abgeleiteten Kategorien, ohne das eigentliche Princip der Deduction, den Grundquell aller einzelnen Mängel der Kategorientafel, einer schärferen Beleuchtung zu unterziehen. Denn selbst diejenigen, welche in der Bestimmung des metaphysischen Wertbes der Kategorie von Kant abwichen, welche ihr eine transscendental-reale Bedeutung beilegten, mussten doch zugestehen, dass in den Formen des Urtheils mindestens Abbilder der metaphysischen Kategorien enthalten sein müssten, dass logische und metaphysische Giltigkeit der Kategorie zwei Seiten einer Sache seien, wie Denken und Sein. Damit schien dann das Princip der Deduction annehmbar zu sein, und nur gegen die Ausführungen hatte sich die Polemik zu richten.[1] Jedoch war dabei übersehen, dass das eigentliche Princip nicht heisse: aus den Urtheilen sind Kategorien abzuleiten, sondern: aus den Urtheilen sind alle Kategorien mit Nothwendigkeit deducirbar. Wenn dieses Princip schon durch sich selbst keine Evidenz hat, so erhält es dieselbe auch nicht durch die gezwungenen und in sich widersprechenden Argumentationen, durch welche Kant demselben einen Schein von Begründung zu geben versucht hat. In doppelter Hinsicht bleibt es mangelhaft: einmal dadurch, dass es die primäre, die elementarste Function der Kategorie, die Objectivirung der Empfindung, vollkommen unberücksichtigt bei Seite lässt, zum zweiten dadurch, dass es durch die Annahme einer objectiven Giltigkeit im Urtheil dieses seiner rein logischen Natur entfremdet und damit in solchem Grade einschränkt, dass grosse Strecken logischen Gebietes, die ganze Menge dessen, was nur im Gedanken existirt, unbearbeitet liegen bleiben. Wenn man diese beiden Gesichtspunkte zusammenhält, wird man sich die einzelnen Schäden der Urtheilstafel wie diejenigen der Kategorientafel erklären können.

Aus einer Tafel der Urtheile, welche streng nach dem Princip der Deduction gebildet war, konnte die vollkommene Anzahl der Kategorien nicht herausgezogen werden. Deshalb geschah, nachdem die Incongruenz der Urtheilsformen mit den Kategorien der Zahl nach eingesehen war dasjenige, was allein

---

1) Deshalb hatte Stadler Recht zu sagen, die Ansicht von der Künstlichkeit der Kategorien werde überall aufgenommen, ohne dass man eine nähere Begründung für nöthig halte. (Grundsätze der Kantschen Erkenntnisstheorie S. 141 Anm. 60.)

das Princip der Deduction als vollkommen unzureichend und willkürlich hätte offenbaren können: es wurde die Tafel der Urtheile nach dem Bedürfniss der Kategorientafel umgemodelt. Die logische Tafel der Urtheile, die „nicht ganz frei von Mängeln" durch die Logik überliefert ist, wird verbessert, sie wird durch einige „Verwahrungen wider den besorglichen Missverstand" geschützt, und schliesslich erhalten wir eine Urtheilstafel, die zwar nur in „nicht wesentlichen" Stücken von der gewohnten Technik der Logiker abwich, aber mit dieser doch nicht vollkommen übereinstimmte. Schon hieraus konnte gerechter Verdacht geschöpft werden gegen die metaphysische Natur des Princips, weil die absolute Sicherheit der logischen Wissenschaft, die Unfehlbarkeit ihrer Resultate angetastet schien. Wenn es in der That ganz unwesentliche Veränderungen waren, die vorgenommen werden mussten, so konnten sie im Interesse der kritischen Aufgabe ebenso gut unterbleiben. Aber vielleicht waren sie nur für die Logik, nicht für die Transscendentalphilosophie ohne Bedeutung, und was dort nur als Aeusserlichkeit in Betracht kam, konnte hier durchgreifenden Einfluss erlangen. Dann war das Verhältniss zwischen logischer Tafel der Urtheile und metaphysischer Tafel der Kategorien gestört; denn die unwesentlichen Umgestaltungen der logischen Tafel gehörten gewiss nicht zu dem unerschütterlichen, seit alter Zeit bewährten Theile der logischen Arbeit, und nur dieser sollte und durfte der Deduction zu Grunde gelegt werden. Wenn es in der That nur eine Tafel der Urtheile gab, so mussten aus dieser, ganz wie sie die logische Wissenschaft überlieferte, alle Kategorien deducirbar sein; jede Veränderung der logischen Tafel musste als Verdacht erregendes Moment vermieden werden, und wenn sie doch vorgenommen werden sollte, so musste gezeigt werden, dass sie in der That nicht sowol für die Logik als für die Transscendentalphilosophie unwesentlich sei.

Wenn schon hier das Unzureichende und Gezwungene des metaphysischen Princips seine Schatten auf die kritische Ausführung wirft, so beweist die Art der vorgenommenen,

angeblich unwesentlichen Veränderung, dass von einer natürlichen Uebereinstimmung zwischen Urtheils- und Kategorientafel gar nicht die Rede ist. Die nach Kants Aussage geringfügige Abweichung seiner Urtheilstafel von der
logischen besteht nämlich in nichts Anderm, als in der
Einschaltung einer Urtheilsart, die die Logik nicht als
selbstständige gelten lassen darf: zu dem bejahenden und
verneinenden Urtheil trat das unendliche hinzu. Mit Recht
hat die Logik unserer Zeit sich desselben vollkommen ent-
ledigt als eines „spitzfindig erdachten Lückenbüssers", und
die Stimmen, welche sich in der ersten Hälfte dieses Jahrhunderts in nicht geringer Anzahl zu seiner Vertheidigung
erhoben, sind ohne Nachklang verhallt. Wie sehr sich
die modernen Logiker dabei in Uebereinstimmung mit
Kant befinden, ist nach der Auseinandersetzung des Princips der Deduction befremdend. Das unendliche Urtheil,
sagt Kant, mache in der Logik kein besonderes Glied der
Eintheilung aus (II. 72); und er wiederholt dieses ausdrücklich bei der Darstellung der Urtheilsformen in der
Logik (III. 286), nur dass das erste Mal dem unendlichen
Urtheil seine Stelle unter den bejahenden angewiesen wird,
während es in der Logik heisst: „Die Unterscheidung desselben von den negativen Urtheilen gehöre nicht zu dieser
Wissenschaft." Wenn diese Unbestimmtheit durch die logische Unselbstständigkeit des unendlichen Urtheils erklärlich ist, so fragt sich, welcher Grund lag überhaupt vor,
es in die Tafel der Urtheile aufzunehmen, wie konnte in
der Hinzufügung einer logisch ganz gleichgiltigen Form
ein „Mangel" der logischen Tafel beseitigt werden, und wie
konnte die so angeblich verbesserte, in Wahrheit aber ent-
stellte Urtheilstafel der metaphysischen Deduction zu Grunde
gelegt werden? Hierauf erhalten wir die Antwort:

„Diese unendlichen Urtheile also in Ansehung
des logischen Umfanges sind wirklich blos beschränkend
in Ansehung des Inhaltes der Erkenntniss überhaupt;
und insofern müssen sie in der transscendentalen

Tafel aller Momente des Denkens in den Urtheilen
nicht übergangen werden, weil die hierbei ausgeübte
Function des Verstandes vielleicht in dem Felde seiner
reinen Erkenntniss a priori wichtig sein kann." (II. 73;
ebenso III. 286.)

Damit ist zugestanden, dass die Rücksicht auf die Materie
des Urtheils, auf seine objective Giltigkeit, auf seine Ange-
messenheit zur Erkenntniss, d. i. zur Erkenntniss von Objecten,
den formalen Gesichtspunkt überwunden, und die Irrthümlich-
keit dieses Verfahrens zeigt sich hier in der Unnatur seiner
Folgen. Die Tauglichkeit zu objectiv giltiger Erkenntniss,
sogar nur als möglich vorgestellt, gebot die Entfernung von
logischem Boden: damit war das Princip ganz unzureichend
geworden, es war von Kant selbst verleugnet.

Doppelt verwunderlich ist diese offenkundige Verleugnung
des Princips, wenn man den erkenntnisstheoretischen Gewinn
ins Auge fasst, den sie der Kritik brachte: die Kategorie der
Limitation wurde dadurch für die Kategorientafel erworben,
und wenn irgend eine besser fortgeblieben wäre, so ist es diese.
Denn wenn man das unendliche Urtheil aus der logischen
Tafel streicht, dessen „begrenzende" Kraft mehr als zweifelhaft ist, so können wir Repräsentanten für die Wirksamkeit
dieser Kategorie unter den Urtheilen garnicht, vielleicht unter
den Partikeln oder Conjunctionen finden, wie in „aber," „obgleich," „wiewol". Schwerlich werden dieselben aber zur Erklärung ihrer logischen Entstehung der Annahme eines gesonderten Verstandesbegriffs bedürfen, sofern sie recht eigentlich der abgekürzte Ausdruck für den Act der Vergleichung
sind. Der Widerspruch von Vorstellungsinhalten giebt jedem
dieser Worte seine logische Bedeutung, damit werden sie von
einander abgegrenzt, von einander geschieden; damit sind die
„Hemmungen" gegeben, die ihr psychologisches Auftreten begleiten und wol als charakteristische Kennzeichen, aber nicht
als Entstehungsgrund angeführt werden können. Es liegt sehr
nahe, den Grund für die Aufnahme des unendlichen Urtheils
in die Transscendentalphilosophie in Kants „Vorliebe für den

Formalismus", in seinem „Streben nach rein äusserlicher Symmetrie" zu suchen. So schwer, ja unmöglich es ist, die psychologischen Beweggründe in speculativen Forschungen mit Evidenz zu erweisen, so unwissenschaftlich und unstatthaft es deshalb ist, den Namen Kants durch ein Gehänge von niedrigen Motiven zu verunehren, wie dies namentlich Schopenhauer gethan, und nach ihm noch heute nicht Wenige und nicht die Besten thun — so naheliegend ist die Vermuthung eines rein äusserlichen Beweggrundes doch da, wo jeder andere im Stich lässt. Es bleibt vollkommen unklar, weshalb das unendliche Urtheil in die Reihe der Urtheilsformen aufgenommen werden, weshalb der Verstandesbegriff der Limitation im Kampf gegen die Logik und gegen Kauts eigenes Princip ersonnen werden musste, wenn man nicht annimmt, dass ·die Erfüllung der Zwölfzahl das bestimmte Schicksal der Kategorientafel gewesen.

Damit schliesse ich mich keineswegs der von Schopenhauer mit viel selbstbewusstem Pomp und wenig factischer Begründung vorgetragenen Ansicht an, dass die transscendentale Aesthetik das Muster abgegeben habe für den Bau der transscendentalen Logik. (W. a. W. u. V. I. 532.) Schon Cohen machte mit Recht darauf aufmerksam, dass aus der Reihenfolge der Kantschen Schriften, namentlich aus gewissen Stellen der Schrift „Ueber eine Entdeckung zur Kritik der reinen Vernunft" sich die Priorität der Kategorienconception vor derjenigen der Anschauungsformen mit grosser Wahrscheinlichkeit, wenn auch nicht mit Gewissheit erweisen lasse, dass ausserdem aber die fundamentale „organisirende" Bedeutung der Kategorie im Plane der Kritik allein dieselbe vor dem Verdacht der „Nachkünstelei" schützen könne. In eben dem Sinne ist Schopenhauers Causalität den Anschauungsformen und jede Verstandesform überhaupt jeder Anschauungsform „nachgekünstelt", denn die Kategorientafel an sich war nichts als die Aufstellung der ursprünglichen Denkelemente, und diese war ebenso nothwendig und unumgänglich als die Angabe der Elemente der Sinnlichkeit, man mochte die Zahl der ersteren so klein

oder so gross annehmen, als man wollte. Am deutlichsten
zeigt sich aber das Unzutreffende der Schopenhauerschen
Behauptung darin, dass in der transscendentalen Aesthetik
selbst jeder Versuch einer principiellen, einer metaphysischen Deduction der Anschauungselemente fehlt; nirgend
findet sich der Nachweis, dass Raum und Zeit nothwendiger
Weise die beiden einzigen Anschauungsformen sein müssen,
und schon deshalb brachte die Kategorienlehre ein ganz
neues Moment unvorbereitet zu dem Verfahren der transscendentalen Aesthetik hinzu. Die „metaphysische Erörterung
des Raumes und der Zeit" und die „metaphysische Deduction
der Kategorien" sind durchaus zweierlei. In der ersteren
wird nur die Entwickelung der Gründe gegeben, weshalb
Raum und Zeit apriorische Vorstellungen seien, in der
letzteren mit demselben Nachweise für die Kategorien zugleich der Beweis, dass ihre Zahl nothwendiger Weise gleich
derjenigen der Urtheilsformen sein müsse und ein voll-
kommenes Princip ihrer Ableitung. Die transscendentale
Logik ist der transscendentalen Aesthetik nicht nur nicht
‚nachgekünstelt", sondern sie ist von derselben vielmehr
der ganzen Anlage nach so verschieden, dass dem Systeme
der Elementarlehre daraus allein ein Vorwurf erwachsen
kann. Weshalb sind Raum und Zeit nicht in gleicher Weise
deducirt wie die Kategorien? Die Berufung auf Geometrie
und Arithmetik ersetzt das metaphysische Princip nicht,
denn aus der ersteren konnte die Zweiheit der Anschauungselemente niemals mit Nothwendigkeit demonstrirt werden.
Und wenn eine Deduction in der transscendentalen Aesthetik
unmöglich war, was machte sie in der transscendentalen
Logik plötzlich möglich? Worauf beruht der Vorzug unseres
Verstandes vor unserer Sinnlichkeit, durch den wir den
ersteren anatomisch zergliedern können, die letztere nicht?
Oder war die Deduction in der transscendentalen Logik nur
eine scheinbare und hier wie dort die gleiche Unmöglichkeit, die Formen aus dem Princip des Vermögens selbst abzuleiten? Dies sind naheliegende und berechtigte Zweifel,

welche der Mangel eines Parallelismus zwischen transscendentaler Aesthetik und transscendentaler Logik wachruft,
und auf die die Kritik der reinen Vernunft keine Antwort
hat. Schon aus diesem einen Grunde kann ich der Ansicht
Cohens nicht beistimmen, dass sich „jeder Angriff auf die
Ordnung und Art der Kategorien immer gegen die Ordnung
und Zahl der Urtheilsarten richten müsse". (Theorie der
Erfahrung S. 210.) Nur wer das Princip der Deduction
anerkennt, wird auf diesem Wege in Widerspruch zu Kant
treten; wer aber die Ableitung der Kategorienanzahl aus
der Anzahl der Urtheilsformen selbst für ein verfehltes
Unternehmen ansieht, dessen Polemik wird an anderer
Stelle einsetzen müssen als bei der Aufstellung der Urtheilstafel, und, wie ich glaube, mit durchgreifenderem Erfolge.
Denn selbst dann, wenn die Urtheilstafel verändert wird,
kann die metaphysische Deduction ihrem eigensten Wesen
nach bestehen; wer überzeugt ist, dass im Urtheil als der
höchsten Einheitsfunction alle niedrigeren enthalten sein
müssen, der wird immer aus seiner Urtheilstafel, er mag
die Kantsche annehmen oder nicht, die vollständige Anzahl
der reinen Verstandesbegriffe deduciren können. Er wird
in dem wesentlichsten Punkte in Uebereinstimmung mit Kant
bleiben, und er wird hoffen dürfen, dass aus der allgemeinen
Anerkennung einer der jetzigen oder einer noch aufzustellen-
den Urtheilstafel auch eine Tafel der Kategorien sich werde
gewinnen lassen, welche wenigstens die Nicht-Sensualisten
zu gemeinsamer Anerkennung führt.

Wer aber andererseits das Fundament der Logik im
Sinne Kants anerkennt, wer die Sicherheit formal logischer
Erkenntniss für verbürgt hält, der kann die metaphysische
Deduction in der Art bestürmen, dass er die Incongruenz der
einzelnen Kategorie mit der einzelnen Urtheilsform nachweist.
Dies ist von verschiedenen Seiten mit mehr oder weniger
Glück geschehen, ohne dass die principiellen Gründe dieser
Incongruenz aufgezeigt wären, und damit war für Beurtheilung
des Princips der Deduction gar nichts gewonnen.

Denn dies konnte trotzdem richtig sein, und Kant konnte nur in der Bestimmung derjenigen Kategorie, welche der betreffenden Urtheilsart zu Grunde liegt, fehlgegangen sein, es konnte ein Fehler der „Methode" vorliegen, der das Princip unangetastet liess, es konnten auf diese Art Kategorien aufgestellt werden, die in Wahrheit keine Stelle unter den elementaren Begriffen des Verstandes haben, es konnten andere übergangen sein, die nothwendig zu dem Material des Verstandes gehören, und das Princip der Deduction konnte trotzdem aus der Natur unseres Verstandes genommen, es konnte trotzdem das Princip unseres Verstandes selbst sein. In den früheren Erörterungen, welche das Princip der Deduction selbst als unzureichend kennzeichneten, glaube ich für die einzelnen Missstände der Kategorientafel volle Erklärung finden zu können.

Kein Vorwurf hat die Kategorientafel Kants so früh und so häufig getroffen als derjenige, dass die Kategorie der Wechselwirkung aus der Form des disjunctiven Urtheils ganz ohne sachliche Berechtigung abgeleitet sei. Schon Schulze machte darauf aufmerksam, Schopenhauer (W. a. W. u. V. I. S. 544) knüpfte daran eine Kritik des Begriffs der Wechselwirkung überhaupt, die mit der vollständigen Aufhebung desselben endigte. Trendelenburg, der in dem disjunctiven Urtheil als einem Urtheil der Eintheilung die logische Wechselwirkung annahm, wies auf die Differenz zwischen logischer und realer Wechselwirkung hin, und seitdem ist dieses Argument unzählige Male in verschiedener Form wiederholt worden. Man mag Schopenhauers Ansicht in Rücksicht auf die Existenz einer Wechselwirkung beistimmen oder nicht, das wird zugestanden werden müssen, dass dieselbe mit dem Satze des ausgeschlossenen Dritten, der das eigentliche Fundament des disjunctiven Urtheils ist, gar nichts zu thun hat. Es sei, dass man den logischen Grundsatz des ausgeschlossenen Dritten nicht als letztes Princip des disjunctiven Urtheils gelten lassen will, weil der Grundsatz selbst einer Einheitshandlung bedarf, es sei, dass man aus dem letzteren eine

Kategorie als functionirend herausziehen kann, welche zugleich
in allen disjunctiven Urtheilen formbestimmend ist; die
Kategorie der Wechselwirkung dürfte diese nicht sein, und
damit bleibt denn, falls das Princip der Deduction erhalten
werden soll, keine andere Wahl als die Wechselwirkung für
Null und nichtig zu erklären. Stadler macht darauf aufmerksam, in wie naher Beziehung die Ableitung der Kategorien zu der Analytik der Grundsätze stehe, und zwar im
Wesentlichen mit Recht, wenn er auch mit der Behauptung
zu weit geht: „Die Analytik der Begriffe deducirt die Kategorie, die Analytik der Grundsätze die Kategorien."¹) Im Sinne
Kants ist diese Auffassung gewiss ungerechtfertigt, denn so
wenig das Axiom der Anschauung die Kategorien der Quantität, so wenig liefert uns die Anticipation der Wahrnehmung
diejenigen der Qualität. Für die Analogien der Erfahrung
und die Postulate des empirischen Denkens liesse sich die
Ansicht Stadlers vielleicht mit dem Schein einiger Berechtigung aufrecht erhalten. Dagegen ist es zweifellos, dass die
Kategorienlehre erst hier, in der Analytik der Begriffe, ihre
Vollendung, ihren eigentlichen Halt bekommt, und es lässt
sich mit grosser Wahrscheinlichkeit behaupten, dass die metaphysische Deduction in nicht unerheblichem Grade durch die
Rücksicht beeinflusst ist auf eine Zusammenstimmung mit
den allgemeinsten synthetischen Grundsätzen a priori. Die
drei Analogien der Erfahrung mussten das Beharrliche, die
Causalität, die Wechselwirkung als Bedingungen aller empirischen Erkenntniss darthun; dazu mussten die letzteren durch
die transscendentale Logik als apriorische Elemente des Verstandes deducirt sein, und wenn sich Substanz und Causalität
der Form des kategorischen und hypothetischen Urtheils füg-
ten, so musste sich die Wechselwirkung wol oder übel zu
vereinigender Vorstellung im disjunctiven Urtheil bequemen.
Und hier tritt bezüglich der Deduction der Kategorien die

---

1) Grundsätze der K.'schen Erkenntnisstheorie S. 54. Schon vor
ihm Cohen S. 114.

Vermuthung nahe, dass wir das wahre Princip ihrer Ableitung, den Weg, auf dem Kant sie gefunden, gar nicht kennen, durch ihn nicht bezeichnet erhalten haben, dass die Kategorientafel, wie wir sie in der Kritik der reinen Vernunft besitzen, in ihrem grössten und wesentlichsten Bestandtheil unabhängig von der Tafel der Urtheile entdeckt, dass die Zusammenstimmung der so gefundenen Verstandesbegriffe mit einigen der Urtheilsformen bemerkt sei (vgl. Riehl, Kriticismus S. 360), und dass auf Grund dieser Uebereinstimmung ein Princip gebildet sei, welches eine metaphysische Deduction möglich machen sollte, in Wahrheit aber nichts ist, als der verunglückte Versuch, die empirische Natur der Ableitung zu verdecken und dadurch der Kategorienlehre den Schein einer allgemeinen Giltigkeit zu geben, die sie nach der Beschaffenheit ihrer Probleme niemals besitzen kann.

Dagegen wird von Vertretern der Kantschen Deduction geltend gemacht, dass eine Verbesserung der Kantschen Tafeln bisher nicht gelungen, dass überdies keine Kategorie nachgewiesen sei, welche in dem Schema der Kritik der reinen Vernunft fehle. Beides sind für die Gewissheit einer metaphysischen Deduction wenig überzeugende Argumente, berufen sie sich doch nur auf das Nicht-anders-sein, nicht auf das Nicht-anders-sein-können, und nur das letztere galt es zu erweisen. Aber auch um die factische Richtigkeit dieser Gründe ist es nicht gut bestellt. Wenn es auch schwer ist und ein grosses Unternehmen, heute nach unzähligen verunglückten Versuchen sich an die Aufstellung einer neuen Kategorientafel zu machen, und wenn die Aussicht auf eine nur halbwegs allgemeine Anerkennung derselben auch äusserst gering ist, so ist es doch ohne jede Schwierigkeit, die Kategorientafel Kants zu verbessern. Wer die Limitation und die Wechselwirkung daraus streicht, ist um einen Schritt weiter gekommen, als Kant. Und wenn sich nun nachweisen lässt, dass gewisse Kategorien, z. B. diejenige der Quantität, aus der Urtheilstafel niemals deducirt werden können, weil sie keine höheren Einheits-

functionen sind, ob sie gleich in der Tafel der Kategorien
nicht fehlen dürfen, wenn trotzdem die Urtheilstafel für
diese Verstandesbegriffe noch den Schein eines Ableitungs-
princips hergeben konnte, so ist auch bereits diejenige Kategorie nachgewiesen, bei welcher jeder Versuch einer Deduction aus einer Urtheilsform vergeblich erscheinen muss,
nämlich die Kategorie des Zwecks.

Bona Meyer hat meines Wissens zuerst darauf hingewiesen, dass die Tafel der Kategorien hier eine Lücke
aufweise, welche auf keine Art durch Berufung auf die
Tafel der Urtheile ausgefüllt werden kann, und wenn irgend
etwas geeignet war, die Aufmerksamkeit dem Princip der
Deduction selbst zuzuwenden, so war es diese Thatsache.
Statt dessen ist dieselbe wenig beachtet, mit wenig zutref-
fenden Gründen bestritten worden.

Bei Cohen heisst es (Theorie der Erfahrung S. 119):
„Wenn dagegen Juergen Bona Meyer den
Zweckbegriff unter den Kategorien vermisst, so
hätte er, sofern er im Kantschen Geiste dachte —
und dass dieser in der ganzen Lehre von den
Kategorien der Geist echter Psychologie ist, glauben wir dargethan zu haben — vor Allem die
Urtheilsform angeben müssen, welcher der Zweckbegriff als synthetische Einheit zu Grunde liege."
Dass der Kantsche Geist, d. i. die Absicht Kants in
dieser Frage, mit der Psychologie gar nichts zu thun hat,
werde ich im zweiten Theil dieser Untersuchung zu erweisen haben. Gewiss durfte aber der echte Geist der
Psychologie nicht als Bona Meyers Ueberwinder hier auf-
geführt werden. Denn das Princip, dass jede Kategorie
eine verbindende Function im Urtheil haben müsse, dass
es keine unmittelbare Function des Verstandes gebe, die
nicht zugleich mittelbare sein könnte, ist durch keine
Psychologie als ein Erkenntniss von nothwendiger Art,
von factischer Giltigkeit erwiesen. Vielmehr liegt das
Werthvolle der Anführung des Zweckbegriffs eben darin,

dass sich keine ihm correspondirende Urtheilsform angeben lässt, dass mithin an ihm das Princip der Deduction seine Unzulänglichkeit am vollkommensten erweist. Nur wer dieses Princip anerkennt, hat die Forderung Cohens zu erfüllen, wer es als ungenügend verwirft, ist jeder ähnlichen Verpflichtung ledig.

Von anderer Seite hat Riehl den Zweckbegriff als selbstständige Kategorie angegriffen. Es heisst (Kriticismus S. 297):

> „Vieles, z. B. der Begriff des Zweckes, ist subjectiv oder psychologisch nothwendig, ohne einen Bestandtheil der objectiven Erkenntniss zu bilden. Daher ist der Zweck im Systeme Kants keine Kategorie."

Ich kann den Gesichtspunkt, aus dem diese Widerlegung gegeben ist, nicht als Kantschen anerkennen, wenn auch die ganze Tendenz des Riehlschen Werkes dahin geht, ihn als solchen zu erweisen. Die Existenz der Objecte als nothwendig bedingt durch den Begriff der Erscheinung hinzustellen, wird niemals ohne Widerspruch gelingen. Der von Schulze gemachte, dann von Liebmann mit Recht wieder und wieder betonte Einwand, dass man durch die Causalität keinen Nachweis für die Existenz der Dinge an sich führen könne, ohne die Principien der Kritik selbst zu verleugnen, wird stets in Kraft bleiben, und eine Darstellung der Kantschen Erkenntnisslehre, welche bemüht ist, dieselben von inneren Widersprüchen zu reinigen, sollte das idealistische Moment derselben vielmehr zu Grunde legen, als das realistische, denn das letztere ist in der transscendentalen Idealität der Erscheinung gerichtet. Alle Giltigkeit von Objecten, dieselben seien Objecte des Gedankens oder der Sinnlichkeit, ist in letzter Instanz immer subjectiv; alle Einheitsfunctionen sind nicht Einheitsverhältnisse im Object an sich — denn dieses selbst hat nur Existenz auf Grund einer subjectiven Einheitsfunction — sie sind Einheitsverhältnisse im Object als Erscheinung.

Deshalb darf die Subjectivität des Zweckbegriffs nicht als Argument gegen seine Apriorität, gegen seine elementare Bedeutung als Verstandesfunction angeführt werden. Auch er ist giltig von Objecten, er ist giltig mit Nothwendigkeit, und führt in seinen Consequenzen zur Annahme eines vom Subject ganz abgetrennten Objects als seines eigentlichen Trägers. Der letzte Grund der Zweckmässigkeit wird niemals im Subject, vielmehr in dem höchsten Princip aller Objecte gesucht, und der teleologische Zusammenhang causal verbundener Erscheinungen kann nicht anders begriffen werden, als durch die Annahme einer Realität, in der alle Objecte, als ihrer höchsten Einheit, aufgehen. Der Zweckbegriff ist giltig von Objecten als Erscheinung, er ist unauflöslich, deshalb muss er a priori sein, und als a priori ist er subjectiv. Er ist mit dem Begriff der Causalität zusammen Bedingung aller Erkenntniss von Objecten, und mit diesem so wenig in Widerspruch, dass nur der eine durch den andern Leben und Bedeutung erhält. Deshalb durfte er in einer Tafel der Verstandeselemente nicht fehlen, er durfte auch nicht einem besonderen Vermögen als Stammbegriff zugeschrieben werden, denn er ist recht eigentlich eine Function der Einheit, und zwar der höchsten Einheit, zu der sich die natürliche Erkenntniss erhebt. Wer ihn trotzdem von den Elementen der Erkenntniss losreisst, der zerreisst diese Erkenntniss selbst: man kann ihn gänzlich leugnen und dabei die Einheit der Erkenntniss wahren, wie dies ein blinder Monismus thut, aber man kann ihn nicht als subjectiv der Causalität als objectiv entgegensetzen, denn jede causale Verknüpfung besteht in letzter Instanz doch nur im Subject, ebenso wie jede teleologische Verknüpfung sich am Object vollzieht.

Das Princip der metaphysischen Deduction der Kategorien sollte den Nachweis bringen, dass aus den Formen der Urtheile alle Functionen des Verstandes deducirbar seien. In Wahrheit hat es Nichts erwiesen, als dass Urtheile Functionen des Verstandes sind, dass mithin aus ihnen Kategorien sich müssen

herleiten lassen. Weder ist von Kant gezeigt worden, dass
die unmittelbaren Einheitsfunctionen, diejenigen, welche in der
Bildung der Anschauung zum Ausdruck kommen, sich decken
müssen mit den mittelbaren höheren Einheitsfunctionen, noch
dass die letzteren ausschliesslich in Urtheilen wirksam sind.
Damit ist das Princip nicht nur unvollständig, es ist in seiner
Verallgemeinerung falsch geworden, und mit dem Versuch,
die fehlende Allgemeinheit künstlich durch Zustutzung der
Urtheilstafel wenigstens dem Scheine nach zu erzeugen, ist
selbst dasjenige nicht geleistet worden, was in der sachge-
mässen Beschränkung des Princips hätte geleistet werden
können, nämlich die Ableitung der urtheilbildenden Kategorien.
Ob eine Umgestaltung des Princips, eine Verbesserung desselben
aus den oben gegebenen Gesichtspunkten im Stande wäre, ihm
die verlorene Würde einer metaphysischen Erkenntniss zurück-
zugeben, dies lässt sich nur entscheiden auf Grund einer
Untersuchung der Erkenntnissprocesse, auf denen die Durchführung des Princips beruht, d. i. in einer Untersuchung
der Methode der Deduction.

Lebenslauf.

Ich, Julius Jacobson, bin am 28. December 1854 zu Königsberg i. Pr. geboren. Ostern 1869 wurde ich in die Obersecunda des altstädtischen Gymnasiums aufgenommen, nachdem ich bis zu dieser Zeit im elterlichen Hause privatim unterrichtet worden, und bezog Michael 1871 mit dem Zeugniss der Reife die hiesige Albertus-Universität. Ich wurde in das Album der medicinischen Facultät inscribirt und habe neben meinen medicinischen Studien philosophische, mathematische und physikalische Vorlesungen und Seminare bei folgenden Herren gehört:

Dr. *Arnoldt*, Prof. *Bergmann*, Prof. *Heinze*, Prof. *Luther*, Prof. *Neumann I*, Prof. *Richelot*, Prof. *Rosenhain*, Prof. *Rosenkrantz*, Prof. *Saalschütz*, Prof. *Walter*, Prof. *Weber*.

Allen diesen Herren sage ich meinen aufrichtigen Dank.

Thesen.

1. Alle Ableitung der Kategorien ist empirisch.
2. Die Untersuchungen Riemanns, welche die allgemeinen Bedingungen aufstellen, unter denen ein analytischer Ausdruck einer geometrischen Deutung fähig ist, bringen keine Erweiterung des Systems der Euklidischen Axiome, sondern haben dieses selbst zu ihrer Voraussetzung. Deshalb sind die von Helmholtz u. A. daraus auf die Entstehung der Raumvorstellung und das Wesen der Geometrie abgeleiteten Schlüsse unbegründet.
3. Die Mechanik ist keine beschreibende Wissenschaft.